恋愛迷路は

気づかないと

抜けられない

相席スタート

WANIBOOKS

PROFILE

相席スタート
2013年2月に山﨑ケイと山添寛でコンビ結成。
THE MANZAI 2013認定漫才師50組に選ばれる。
単独ライブのほか、トークライブ『相席ナイトクラブ』を定期的に開催。
M-1グランプリ2017ファイナリスト。
ネタは男女の恋愛模様が中心。

山﨑ケイ（やまざき・けい）
1982年6月13日生まれ。
千葉県出身。
B型
NSC東京校13期生
趣味：旅行、食べ歩き、料理、他人の恋愛の悩みを解決すること
特技：料理、恋愛・人生相談

山添 寛（やまぞえ・かん）
1985年6月11日生まれ。
京都府出身。
O型
NSC東京校14期生
趣味：COCO壱番屋、空手、フットサル、銭湯めぐり
特技：COCO壱番屋の今のお腹に合わせたカレーとトッピングを選べる、
　　　新大久保にいるイケメン韓国人が影で言ってそうなモノマネ

はじめに

山﨑 ケイ（以下、ケイ）
　　はじめまして、相席スタートです。この本を手に取ってくださってありがとうございます！

山添 寛（以下、山添）
　　僕たちはそれぞれ男同士、女同士のコンビを解散して、2013年にコンビを組みました。1年先輩のケイさんと組んだことによって、女性に対する"見方"が変わりました。

ケイ　山添は1つ後輩で、あまり話したこともない関係性だったんです。最初は、"男の人！"って異性として意識し過ぎて「家でネタづくりをするのはちょっと……」とか、ためらうことも多い日々でした。だけど、相方はネタづくりやコンビとしての方向性をどうしても向き合わなきゃいけない相手。恋愛関係でもなければ、友達でもない。誰よりも一緒になきゃいけない山添と本音でぶつかって、率直な意見をたくさん聞くうちに、"一般的な男性ってこういうふうに考えるのかな"って思うことが増えていったんです。

山添　相方っていうのは、いちばん仲のいい友達よりももう一段階踏み込んで話せる関係。しかも僕らは男女なので、

恋愛抜きの関係でそれぞれの視点から本気の話をすると、お互いに"男と女って全然ちゃう生き物なんやな"とハッとすることが多かったんです。ケイさんは僕への恋愛感情なんてこれっぽっちもないから、僕がボロボロになるまでオブラートに包むことのない本音をぶつけてきた。それをサンドバックのように受け止めているうちに、僕の中で特に変わったのが女性への意識。それまで異性としてしか見られていなかった女性を、"生き物"として興味を持てるようになりました。過去の恋愛を振り返って、間違ったことしてたんやなぁと反省もしましたし、今まで"めんどくさい"とか"なんや、この子"と思っていた女の子にまつわる事例に、一切ストレスを感じなくなりました。

ケイ 　私、だいぶ特殊だから、私を攻略できれば全女性に対応できると思う(笑)。

山添 　ケイさんみたいに、まっすぐになんのまじりっ気もなく仕上がってる人いないですからね。

ケイ 　私は私で、異性に対して感じていたネガティブな要素が勘違いだったことに気づいた。モテようとし過ぎた結果、実はモテない行動に走ってしまっていた自分に気づき、それを改めて自分を肯定できるようになりましたし、男性とも前向きなコミュニケーションを取れるようになりました。過去の私のような女の子たちがもし今、助けを求めているなら1人でも多く救いたい。何かしらお手伝いできることがあればいいなという思いから、今回、こんな本を発売させてもらうことになりました。この本はモテたい、恋愛をしたいと思いながらも行動に移せない後ろ向きな女の人

山添　モテたいと思っていないという女性は、本をそっと閉じて本棚に仕舞うなり、誰かにあげるなりしてください。

ケイ　私はこのままでいい、と思っている人にもなんの役も立たない本です。現状に満足していない人、少しでも変わりたいと思っている人は読み進めてください。自分の中のもやもやをスッキリさせて、新しい自分を見つけて前向きな恋愛を楽しんでもらえたら嬉しいです。

山添　まず、この本を読んでいただく上で、僕たちがどんな恋愛をしてきたのかを知ってもらえればと思います。僕らの恋愛遍歴を読んでから、ぜひ本を読み進めてください！

山添寛の場合

　性の目覚めは小学校2〜3年生の頃。晩御飯のあとに親父と『ワンダとダイヤと優しい奴ら』っていう映画を、眠いなと思いながら一緒に観てたら、スレンダー＆巨乳の女の人がブラジャー姿で出てきて。その人を観た途端、ズッキューン！と来て眠気が一気に吹き飛びました。初恋もその頃で、相手は1つか2つ年上のお姉さん。なんで好きになったんかは忘れましたけど、2年後、バス停でたまたま会うたらヤンキーになっててかなり衝撃を受けました。

　その頃、バレンタインデーにチョコレートは……もらった記憶はあります。ただ、いちばん人気じゃなくて、クラスの好きな男子3位にギリギリ入ってたからもらえたっていうくらいですね。家に

持ってきてくれた子もおったかな。めっちゃモテる友達がおるグループにいたんで、便乗してちょっとだけモテさせてもらっていたのかもしれないです。

　初めて彼女ができたんは、中学校1年生のとき。仲がええ女の子がキューピッドになってくれて付き合い始めたんですけど、手をつなごうとも言えず、鴨川をただただ歩いた思い出が……。結局、かっこいいところを見せられずに「私のこと、ほんまに好きかわからへん」って言われてフラれました。その後、キスしたいっていう欲が高まったときに、年上の彼女に告白されて付き合って。で、学校からの帰り道、公園でキスしようと思ったら顔をよけられてイヤやったんや……と思って恥ずかしいやら情けないやらで落ち込んでたら、「ちょっと待って」って声をかけられて振り返った瞬間にキスされました。大人びてたその子はめちゃくちゃいろんな経験をしてはったんですけど、僕は実技の経験がないから何もできない。そんな自分の状況に悶々としながらデートにだけは誘ってたら、同じ部活の人に「全然誘ってこない」ってグチってたらしくて、結局すぐにフラれました（笑）。次こそリードするぞという思いで付き合った人とは、中学2年生から高校2年生までの3年間続きました。実はその子、初めて付き合った彼女の親友で、初めてのお付き合いのときに協力してくれた仲のええ女の子がまたまた取り持ってくれました。あいつには幸せになってもらいたいです。3年続いたその彼女と、高校は別々になってもうたんですけど、お付き合いを続けて、またまたガッチガチやったりしつつ童貞を卒業させてもらいました。その後もちょこちょことお付き合いさせてもらう人もいたんですけど、その彼女の存在がデカくて。未練だとか恋愛感情的なことではなく、あの子よかった

なぁと思うこともありました。で、芸人になるために東京へ出てきてから、地元の子に告白されて。「遠距離になるし寂しくなると思うよ」って言うんですけど、「大丈夫や」って言うから受け入れて、3年間付き合った結果、「やっぱり寂しい」ってフラれました。その後はお笑いのほうが忙しくなって恋愛せぇへん時期もありつつ、今のコンビを組み、猛スピードで女心を勉強しているところです。

ケイのコメント

初めての彼女が13歳となかなか早かったり、年上の女の人から告白されたりと勝ち組のエピソードが満載ですね。明るくて社交的で、人と積極的に関わろうとする性格が幸いしたんでしょう。「モテさせてもろうてました」とか謙遜してますけど、別の高校の女の子と付き合うなど、かなり高度ですね。思春期真っ只中で女の子と話したいけど話すことすらできないみたいな悶々とした日々を過ごしてきた感じが一切しない。モテてきた人の典型的なパターンです。

山﨑ケイの場合

うっすら憶えている初恋は、4～5歳のとき。ちょっと乱暴な感じの男の子が多い中で、同じ幼稚園におっとりとした男の子がいたんです。王子様みたいな雰囲気で女の子たちから人気が

あって、当時、活発だった私は「好き! 好き!」って追いかけてたような気がします。小学生のときにいいなぁと思った子は、クラブユースに通ってたサッカー少年。選抜にも入っていて、さらに転校生っていう女の子が好きなオプションがたくさんついてたカワイイ感じの男の子でした。小学校高学年くらいには、運動神経が良くて面白さにセンスのある男の子に好意を持っていて。当時、『とんねるずの生でダラダラいかせて!!』とか『浅草橋ヤング洋品店(のちのASAYAN)』が流行っていて、その子たちがクラスで話題にしてたから話を合わせたくて、塾から家へ走って帰って、次の日「あれ観た?」って話すのを楽しみにしてました。私立の中高一貫の学校に入ってからは、思春期も相まって男の子をすごく意識するようになって。校則も厳しくて、男女一緒に帰宅してはいけないっていうルールもあったし、人見知りをしてクラスに馴染めないから大人しくなっちゃって、小学校のときに好きだった子の面影をずっと追ってました。中学3年生のとき、地元のお祭りに行ったらその子がいて。"わぁ、やっぱりかっこいい!"って思って、実家に電話して告白しました。なんて言われたのかは憶えてないですけど、フラれてすごく悲しい気持ちになって食事も喉を通らなかった。で、家族のこととかいろいろなことが重なったのもあり、太宰治を読んでどん底に落ちて、中学3年生から高校1年生まで誰とも喋らない暗黒時代を過ごしつつも、男の子に罰ゲーム扱いされたことをきっかけになぜか明るくなって、演劇部に入部。そこで出会った先輩に告白しようと電話したら、「電話では言いたくなかったけど」って向こうから告白してくれて付き合うことになりました。その頃の私はキュンキュンする少女漫画が好きで恋に恋していたからか、付き合ってみたら片思

いしてたときがマックスだったと気づいて、半年くらいで別れたいって伝えました。大学生になってからは片思いしてフラれた人もいたし、片思いしてた人が同じサークルの美人な先輩と付き合ってるって知ってショックを受けたりして。aikoさんが好きな人だったから一生懸命練習してカラオケで歌ってたんですけど、その人には全く響かなくて、でも別の人にガッツリと響いて告白されて。最初は断ったんですけど、あまりにしつこく言われたから付き合って意外と3年くらい続きました。けど、束縛し過ぎて「重い」ってフラれて、その後、芸人に。大人の階段を着実に登らせていただきつつ、その後に出会った人とも3年くらい付き合いました。最初「私、携帯見る女です」って宣言して見させてもらってたんですけど、何も出てこなくて浮気しない人なんだなって安心して信頼できたのと同時に、束縛させる男が悪かったんだって気づきました。この人との出会いが、今の私を形成しているのかもしれないですね。

山添のコメント

この浮気をしない男性と出会ったことによって、男を虐げる山﨑ケイができあがったんですね。この話を初めて聞いたとき、そんな考え方があったんや! って面食らいました。中学生のときは正義感がすごく強かったらしくて、そのキャラを参考にコントをつくったこともあります。ケイさんでもキュンキュンした恋愛に憧れてたことがあったやなんて、女の人における少女漫画の影響って人生にまで及ぼすんやなぁと実感します。

CONTENTS

004   はじめに

017   **第1章　［必勝法その1］**

モテへの道は"私はブスだと仮定する"ことから始まる

"ちょうどいいイケメン"×"ちょうどいいブス"は相性が悪い
婚活パーティの3周目にいても恋は始まらない
自分を見極めるチェックリスト
リストの結果から己を知ろう
もしかして私って"ウジガチ子さん"!?
ウジガチ子さんの特徴とは?
自分の欠点をポジティブに受け入れる
男性は女性の想像より間口が広い?
間違ったアプローチは今すぐ正そう
悩んだら取捨択一で答えを導く

050   COLUMN 1 by 山崎ケイ

私、実は重い女でした

051   **第2章　［必勝法その2］**

男女の違いを理解してからいい女を目指そう

実は曖昧ないい男といい女の基準
原石に対する考えもさまざま
時代とともに変化する男女の距離感

男性には理解されにくい女性同士のツボ
女性が男性に求めるリアクションとは?
付き合う条件は平穏な心を保てること!?
大人が目指すべきは自立した女性
女が思う気遣い、男が思う気遣い
自分をいい女でいさせてくれる男性の条件

082 COLUMN 2 by 山添 寛

僕、情緒不安定な女の子と付き合ったことがあります

083 第3章 [必勝法その3]

勇気を出して自分の殻を破っていこう

ウジガチ子さんの恋愛攻略法とは?
ハッキリさせよう、大皿取り分け問題
運命の人? そんなものはない!
1人に絞らず、ゆとりを持ってアピールすべし!
苦手な男性とのお喋りはまず慣れる努力を
大事なのは心に響くオリジナルなアピール
元彼の幻想は今すぐ断ち切って!
受け身ではスタート地点にも立てない

110 COLUMN 3 by 山﨑ケイ

女心がわかるおすすめしたい漫画

CONTENTS

111　**第4章　［必勝法その4］**

後ろは振り返らず、積極的に前に進んで行こう

1人行動が苦手な女たち
1人で行動できると世界は広がる
筋トレで自信を手に入れよう
結婚遠ざけるのは中途半端な結婚願望
相手にプレッシャーを与えない誘い方、距離の詰め方
マイナスポイントも会話でプラスに変えてみる
女性がグッとくるのはちょっとした気遣い
ダメなところではなく、いいところを褒める

142　COLUMN 4 by 山添 寛

男性が惹かれる女性がわかる究極の1冊

143　**第5章　［必勝法その5］**

理解できなくても知っておいたほうがいい、男性の思考回路と真意

キープでもいいという女性と浮気をしたい女性
"距離を置こう"という言葉の意味
男が考える浮気、女が考える浮気
浮気をしない男性の見分け方
一度だけの体の関係と100回のイチャイチャ、どちらがイヤ!?
交じり合うことのない、男女の価値観

130 COLUMN 5 by 山崎ケイ

意中の彼と長続きするための方法

161 第6章 [必勝法その6]

結婚をする楽しさ、結婚をしない楽しさ。
結婚をゴールとしない生き方

結婚は漠然とした不安を解決するものではない!?
自分を客観視して笑えるようになろう
結婚をゴールとしない生き方について

170 COLUMN 6 by 山添 寛

世の男性たちへ 女性の話は聞きましょう

172 おわりに

176 R-18 大人の悩み相談について

177 特別付録

R-18 大人の悩み相談

第1章

[必勝法その1]

モテへの道は
"私はブスだと仮定する"
ことから始まる

"ちょうどいいイケメン"×"ちょうどいいブス"は相性が悪い

ケイ　女性の中で超絶美人、美人、ちょうどいい美人、普通、ちょうどいいブス、ブス、超絶ブスっていうカテゴリーがあるとするじゃない？ <mark>いちばんモテるのは超絶美人や美人じゃなく、ちょうどいい美人。</mark>どういう人たちかっていうと、いちばんいい例は『王様のブランチ』でリポーターしている女の人たちだよね。

山添　あぁ、ブラン娘ですか？

ケイ　そう。健康的な美人で、明るくてノリが良くて、手を出しやすいくらいの身近なカワイさとスキがある。ちょっとくらい下ネタを言ってもウケてくれそうだし、ある程度、笑いどころもわかっていて。

＠ほんまそれ！

山添　しかも、自虐ネタもイケる。ハードルを低く見せるのがうまい女の人たちですよね。

ケイ　そうそう。で、"私たち"ってさらにその下にいるわけなんだけど、私たちがやってるテクニックをブラン娘レベルのちょうどいい美人にやられると敵わない。絶対に負けちゃうのよ。

山添　さっきから"私たち"って、大勢を率いてる感じ出すんはなんなん？

ケイ　いろいろと背負ってんの、私は。**大勢の女の子たちの気持ちを背負って**やってるの！

みんなー！付いてきてー！！

山添　（笑）。まぁ、僕もちょうどいい美人がいっちばん好きやなと思いますわ。超絶美人やと気後れしてまうかもしれへんけど、自虐ネタとか言ってくれたり、気さくに話かけてくれるフランクな雰囲気を持ってる人やったら好きになるかも。自分自身をお高く見せない振る舞いができる女性が、いっちばんモテるような気がします。

ケイ　はぁ……山添って、ちょうどいい美人以上の女性としか付き合ったことないのよね。生涯付き合ってきた歴代の女性を並べたとしたら、ちょうどいい美人以上の女の子しか並んでない。普通だとかちょうどいいブス、ブスのような人たちを付き合う対象として見られるかっていうと見られないタイプだよね。

山添　たしかに、今まで付き合ってきた子はみんな、めっちゃカワイイと思います……。

ケイ　人としての深みがないよねぇ。だって、それまで付き合ってきた女性を1人目から最後の子まで順番に並べたとして、そのときに1人、ちょっと毛色の違う人がいたら、ん？　って引っかかるじゃない？　で、その子と付き合った理由をいろいろと考えて、この男の人には思慮深いところがあるのかなとか考えちゃうけど、カワイイ子だけがずらーっと並んでるのって、"あぁ、こいつ、モテてきたんだな。いい思いだけしてきたんだな"って思われるだけでしょ。「この男、浅いな…」とも思うよね。

山添　それ、並べる必要あります？　ケイさんの言いたいことは

なんとなくわかります。でも僕、**女性に対して、この人ブスやなぁとか思ったことはない**ですよ?

ケイ　このレベルの男って、大体そうなんだよね。女性にも言えることなんだけど、美人とかイケメンって周囲の人に対してブスだとかブサイクだっていう感覚を持たない。いつも恋愛で負けてきた私たちにはブスもブサイクも、イケメンも美人もすべての人たちが目に入ってるけど、もっとレベルが上の人たちって下々の世界は見えてもないし、ブスやブサイクは無意識に恋愛対象から外してるのよ。だから"この人ブスだなぁ"とかも思うはずがない。山添が"ちょうどいいイケメン"だから、そうしてるわけだけど。自覚ないんだね。

(＠もうすでに怒りのスイッチが入ってる…。)

山添　ケイさんはそうじゃないってこと?

ケイ　私たちは**ブスだって認めることで、自分の立ち位置を見極めてる**の!

山添　また、誰かを背負ってる……。

ケイ　たとえば、私たちくらいのレベルの人間は「私はこの人よりはブスだ」とか「この人よりは美人だ」って日々、自分と他人を見比べて、ヒエラルキーの中でのポジションを常に把握してるんだよね。たとえば、山添よりももっと顔面レベルが高い男の人だと、美人だけと付き合い過ぎた結果、変態性に目覚めて、違うジャンルの美人ではない女性と付き合うってこともあるかもしれな

(みんなー!! 付いてきてる?)

い。けど、山添レベルはモテてきたとはいえ変態性を発動するほどの経験はないから、自分と同じレベルの女性と付き合うの。本来、"ちょうどいいブス"がいちばん狙いたいのが"ちょうどいいイケメン"なのに、その男たちはちょうどいいブスには見向きもしないで自分と同じレベルかそれ以上を求める。その結果、"ちょうどいいブス"がちょっと上のレベルの"ちょうどいいイケメン"を狙いたくても敵わないっていう現象が生まれるんだよね。山添のような男たちが、**ちょうどいいブスのいいところをまったく見てないからこうなってる**んだけど!!

山添　褒められてるんかけなされてるんか、もうわからん(笑)。

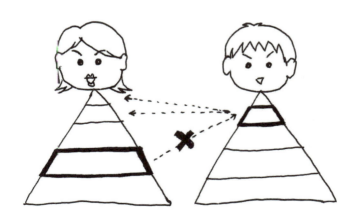

婚活パーティの3周目にいても恋は始まらない

ケイ　少女漫画ってカワイくない地味なヒロインが、憧れている学校でいちばんかっこいい男の子に突然、その存在を見つけてもらって、恋に落ちるっていう話がすごく多いのよ。こういう漫画を読んだ幼少期の経験が、大人になってから与えてる影響って少なからずあると思うんだよね。

山添　それってどういうことですか？

ケイ　主人公に自分自身を投影しながら読むと、"イケてない私でも、こういうステキな男性に見つけてもらえるんだ"っていう幻想を簡単に抱いちゃうじゃない？ なんの努力もしない女性がイケメンに見つけられることなんてあるわけがないのにね。現実と妄想を一緒にしてもいいことはないよね。

山添　なるほど。そういう人は自分自身を直視してないということや。

ケイ　そもそも男性漫画にブスって出てこないもんね。だから、山添はピンとこないんじゃないかな。

山添　そう言われれば、たしかに出てこうへん。ギャグ漫画でブスキャラはおるけど、基本的に女の子はカワイくて優しい。それでいて、ワガママで男心をくすぐるような子ばっかり。男性漫画に出てくる女の子、特にヒロインはみんな、スタイルが良くて容姿にも恵まれてますよね。

※手書きメモ:「"お前メガネ取ったらカワイイじゃん！"のやつね。⑦」

ケイ　そうそう。だけど、少女漫画に出てくる女の子はみんな、地味だとかブスだとか言われながらも容姿はカワイく描かれた子ばかりなんだよね。本当はそうじゃないのに。で、女の人は小さい頃、そういう少女漫画を読んだときに感じた"私もこうなれる"っていう願望が大人になっても頭の片隅から離れず、現実を直視できてないケースが少なからずあるんじゃないかな。婚活パーティのMCをしたとき、ズバ抜けて人気のある男の人がいたの、覚えてる？ シュッとした男の人。

山添　あぁ〜はいはい、いましたね。

ケイ　その周りを大勢の女の子が囲んでたじゃない？ 中にはもちろんキレイな、それこそ"ちょうどいい美人"の女の子もいたんだけど、そうじゃない子もたくさんいた。ただ、ちょうどいいブスたちって、お目当ての男性にいちばん近い1周目にはいない。3周目から笑いながら、いちばん人気の男性の話を黙って聞いてるだけ。それって、イケメンが私を見つけてくれるって信じてる少女漫画的願望の現れじゃない？ あのとき、私は「いやいや、あなたに彼は無理です。ほかにいきましょう」って1人ずつに懇々と伝えたかった！　㊟本当にガマンしてくれて良かった…。

山添　婚活パーティみたいな知らん人同士が会うところって、やっぱり第一印象が大事。それに、限られた時間の中でしか触れ合えないから、どうしてもルックス重視になりやすいですよね。そういう場所でちょうどいいブスと思

われる人たちが結婚したいっていう目的を叶えたいなら、3周目におってもあかんと。自分に合う人を探すために来てるはずやのに、**手の届かない相手を望んでいても結婚はできん**と、そういうことや。

ケイ　本当にそう。ちょうどいいブスたちがずっとそこにいたから「あっちで喋ってきなよ」って、別のまあまあイケメンのところに連れていったの。で、ちゃんと喋ってるからよしよし！って思ってたのに、しばらく経ったら、またいちばん人気の男性の3周目に戻ってて……今、思い出しても**あの行為、ちょっと許せない。**

山添　幸せになってほしいからこその怒りですね。

ケイ　そう！ちょうどいいイケメンとちょうどいいブスの掛け合わせがいちばん相性悪いってことを、ちょうどいいブスたちがわかってないから、中途半端な恋愛になっちゃうの。みなさんにはまず、自分がどのポジションにいるのかを、この本でちゃんと把握してもらいたいんだよね。

山添　ケイさんは自分のこと、ちょうどいいブスやって言うてますけど、世の中の女性たちは自分のポジションをどうやって判断すればいいんですか？

ケイ　もし、今の段階で美人じゃないっていう自覚があるなら、ブスだと思っていれば間違いないと思う。私はカワイイって自画自賛するのは個人の自由だし、自信があるのはいいこと。だけど、自分のことを普通とかちょうどいい美人だと思ってる人も一旦、自分の評価をちょうど

ごめんね♡

いいブスまで下げてもいいんじゃないかな。

山添　過大評価してる女性のほうが多いってことですか？

ケイ　大体、女って自分のことは高く見積もってるものだからね。たとえば、世の中にはキレイになるためだとか恋愛に勝つためのハウツー本ってたくさん出てるけど、あれってすべて**美人に向けてつくられたものだって気づいてますか？** 男性には上目遣いが効果的"とか"谷間をちらっと見せるとセクシー"だとか、美人がやるからこそ効果があるものでしょ？ あれって**美人以外、セクハラと取られても仕方がない行為**だからね。

（手書き：それは知りませんでした！）

山添　逆効果になることだって十分ありえる。"美人"な人以外が勝つためには、まったく違う戦い方をしなければならないということや。

ケイ　だから何度も言うけど、世の女性たちには<u>自分をブスだと仮定してもらいたいんですよ。</u>

山添　それって、あくまで"仮定"でいいんですね？

（手書き：あくまで「仮定」ですので、どうか！）

ケイ　自覚したほうが効果的なのは間違いない。だけど、"私ってブスなんだ。今までやってきたこと全部、ブスがやってるって思われてたのかな"って悲しい気持ちになって前に進めなくなったら本末転倒じゃない？ だから、まずは仮定だけして、本当の自分と向き合ってほしい。で、より自分を客観視しながら、キレイなあの子よりがんばろうって前向きになってもらいたいです！

"ケイ監修" 自分を見極めるチェックリスト

今すぐ試してみて！

当てはまると思ったらチェックをつけてください。

- [ ] そもそも他人に「美人だね」「キレイだね」と言われたことは一度もない

- [ ] 合コンや婚活パーティで連絡先を聞かれたためしがない

- [ ] もうちょっとモテてもいいのに、と思っている

- [ ] 電車の窓ガラスに映った自分の顔を見て、ぞっとしたことがある

- [ ] 写真を撮るとき、いつも決まって同じ顔をしてしまう

- [ ] 美容院で頭にタオルを巻かれたままの自分と鏡ごしに対面するのが苦痛過ぎる

- [ ] 友達の彼氏にいちゃもんを付けがちだ

- [ ] 「今、彼氏がいないのは○○だ」と、○○に入る言い訳が1つ以上思い付く

- [ ] イケメンが怖い

- [ ] 異性からもらった誕生日プレゼントの写真を、わざわざSNSにアップしたことがある

リストの結果から己を知ろう

ケイ　みなさんには「自分を見極めるチェックリスト」をやっていただきました。これ、1つでも当てはまる人は自分を"ちょうどいいブス"以下だと仮定してください。

山添　1つ!? けっこうキビシイ……。

ケイ　みんなにいい恋をしてもらうためだから! 周りの評価は自分が思っているほど高くないって現実を直視してもらうためにも、これから1項目ずつ説明していくね。

そもそも他人に「美人だね」「キレイだね」と言われたことは一度もない

ケイ　これ、「その洋服カワイイ〜!」とか「今日のリップ似合ってるね」とか言われたことあるっていうのはなしね。

山添　「カワイイね」もダメですか? 濁す優しさ＝非現実という事ですか。①

ケイ　ブスでもカワイイって言われたことがある子はたくさんいるでしょ。そういう濁す表現はなし！　パグとかフレンチブルに言う「カワイイ」と同じ可能性有②

山添　そういえば、テレビで誰かが「美人は自分のことを他人が思うほどは良く見ることができないから、自分のここが好きじゃないって、わざわざ良くないところを見つける」って言うてましたわ。

ケイ　美人は他人から「美人だね」「キレイだね」って言われ

続けてるから、自己評価が厳しくなって「いやいや、私はこのホクロがイヤなんです」とか「鼻がコンプレックスなんです」って言っちゃうんだよね。けど、それ以外の人たちは周りから何も言われないのに自己評価だけは富士山くらい高いから、「私ってすごくキレイなんだけど、みんな言ってくれない」って思っちゃうっていう。自己評価は捨てて、まずは他人の評価に耳を傾けてほしいなと思います。

> **合コンや婚活パーティで
> 連絡先を聞かれたためしがない**

ケイ　実は、この項目がいちばん大事！ もしこの項目に当てはまるなら、普通以下……いえ、ちょうどいいブス以下なんだと腹をくくってもらいたい。合コンや婚活パーティは外見から得る情報で見られるし、短時間や初対面だとなおさら外見で見られるから、連絡先を聞かれなかったということは、残念ながら表情もダメだった可能性が大きい。他人からどう思われてるか、どう見られたかって本当に大事なことなのよ。いくら自分に自信があっても、相手に心を開かなければ出会いってやってこないからね。

山添　たしかに声かけにくいとか、アプローチしにくいっていう

*逆に自分もそうでしょ？
短時間では
外見からの印象で
決めるしかないのよ。*

のは、誘う側の男性にとってはマイナスポイントでしかないですよね。

ケイ　でしょ？ もちろん、人見知りだとか話しかけるのが苦手だっていう女の人もいると思う。私もそうだし。けど、出会いの場で固まってたって、相手はやってこない。自分から動いていかないと！ ブスっとしているよりは笑顔でいるように心がけるとか、笑顔が出せるようになったら自分から話しかけてみるとか、自分を変えることを心がけてほしいよね。

もうちょっとモテてもいいのに、と思っている

ケイ　さっきの進化版だよね。自己評価が高くて、自分はちょうどいい美人以上だと思っていると、こういう不満が自分の中に湧き出てくるの。まぁ、私もマジで本当はこう思ってるんだけど。

（山）はい。この系の不満よく聞きます。

山添　自己評価、あてにならんなぁ。　（ケ）本当に！ 私も、っとモテてもいい！！

ケイ　周りの人もその辺、はっきりと言ってくれないもんね。特に、小さい頃から一緒にいる人は第一印象じゃなく、長年、中身をじっくりと見てくれた上で接してるから絶対言わないんだよね。芸人同士ってそういうマイナスなことも笑いに変えてプラスにしようと思うから、バンバン指摘するじゃない？ 芸人になって初めて、「私ってブ

もっとモテてもいい！！！（ケ）

もっとモテてもいい！！！！（ケ）

スなんだ」とか「自分って暗いんだな」とか気づく人が多いのも、そういうことなんだと思う。

山添　そうかぁ。中途半端な優しさが、勘違いを生む可能性もあるってことや。

ケイ　悲しいけど、そうだね。逆に、厳しいことを言ってくれる人には感謝したほうがいいと思うよ。的外れなことを言ってくる人は気にしなくていいけどね!

電車の窓ガラスに映った自分の顔を見て、ぞっとしたことがある

山添　これ、どういうこと!?

ケイ　山添にはわかんないか。女の人って鏡で自分を見るとき、実はすごく気合を入れていちばんカワイイ自分を無意識に演じてるのよ。けど、電車の中で外の景色をぼんやりと見ていて急にトンネルに入ったら、気を抜きまくった自分の顔が……。マジであの瞬間、ホラー過ぎて直視できない!!

山添　へぇ! そういうもんなんや。

隣のおじさんかと思ったら「え?: 私?:」って時あった…。⑦

ケイ　逆に、窓ガラスに映った自分を見ながら、顔をつくる練習してる女の子とかもいるよね。

山添　あぁ、たしかに。あれはさすがにちょっと……何してんねん! って思っちゃいますね。

写真を撮るとき、いつも決まって同じ顔をしてしまう

ケイ これ、私そのものなんですけどね。本当にキレイな人ってそのままの自分で写ることに恐れがないし、変顔とかも平気でやっちゃえるんだけど、自分に自信がないといちばんいい角度で撮ってほしいって思っちゃうの。ふいに撮られた写真ってやっぱり全部、ブスだもん(笑)。

山添 さっきの電車の論理と一緒や。気ぃ抜いてるとあかんっていう。　写真うつりが悪いんじゃない。私たちの顔が(省略)。

ケイ そうそう。SNSで盛りがちな人はある意味、真の自分から目をそらしているとも言えるよね。アプリで加工した写真をSNSに上げたい気持ちは理解できるけど、今回は自分と向き合ってほしいから、この辺は厳しくジャッジしてもらいたいかな。

※ケイさんは「左側」が得意らしいです。

美容院で頭にタオルを巻かれたままの自分と鏡ごしに対面するのが苦痛過ぎる

山添 これ、わっからへんなぁ。

ケイ あ、そう？ 家で鏡を見るときは"今から自分の顔を見るぞ"って覚悟を決めてるから大丈夫なんだけど、美容室ってケープで首元もがっつり締まってるし、頭もタオ

恋愛迷路は気づかないと抜けられない

> 結構、放置される時あるよね…。㋐

ルで巻かれちゃうじゃない？ それで顔面が露わになると……無理無理！ ってなっちゃう。しかも、そのまま1人で放置されたりするから、自分と向き合わなきゃいけない状況になる。……あれ、本当に苦痛だわぁ。

山添　じゃあ、キレイって騒がれる水泳選手ってほんまの美人ってことなんかな？

ケイ　たしかに。アスリートとしての自信が表れてるのを差し引いても、水泳キャップをかぶってて、しかもすっぴんなのに騒がれるほどキレイっていうのは本当の美人なんだろうね。

山添　ケイさんは美容室で自分と向き合う瞬間、どうしてんの？

ケイ　基本見ないようにするけど、たまに見て「あ、ブスだ」「やっぱりブス」「ん……？ ブス！」って現実と向き合ってる（笑）。

山添　自分にキビシくしてますね〜。

友達の彼氏にいちゃもんを付けがちだ

ケイ　ブスの行動として、他人をけなすことで自分を保とうとするところってあるんじゃないかな。たとえば、街中にいる知らないカップルを見て、「なんであの子に彼氏がいて私にいないんだろう」「あの子、童貞にモテそう」って

> 我ながら悪口が必死…。㋐

思ったり。友達の彼氏に対しても「イケメン好きのはずなのに、今回は妥協してるよね」とか「〇〇がいいならいいけど、私は対象外だなぁ」とか言ったりして、「私が付き合いたいぐらいだよ‼」とかポジティブなことは言わない。友達の彼氏を100%誉めちぎることがなく、常に自分と他人を見比べがちだよね。男の人はそういうの、ないかもしれないけど。

山添　男性でそういう意見はあんまり聞かないですよね。ケイさんの周りには、辛口な女友達が多いっすか？

ケイ　基本、文句を言う姿勢の友達が多いかも。ほら、山田とかもそうじゃん。

山添　あぁ、同期のTEAM BANANA・山田さんね。まぁ、特殊部隊ですもんね、ケイさんのお友達ってそういう意味では（笑）。

> こういう話を聞くようになって、気づけば5年になります。

「今、彼氏がいないのは〇〇だ」と、〇〇に入る言い訳が1つ以上思いつく

> 「悪口言うのやめよう」と思ったら話すことなくなったことある。

ケイ　モテないことに目を背けると、こうなりがちだよね。「男性と出会う暇がない」とか「出会いがない」とかさ。出会いなんていくらでもあるのに、って思っちゃう。

山添　なるほど、なるほど。彼氏ができない言い訳を自分で決めてまうんや。まぁ、独自のファッションしてはる人とか

　　　　服装をモテない理由にしてるところとかありそうやもん
　　　　なぁ。この服装好きやけど、男受け悪そう、とか。
　ケイ　恋愛モードじゃない、とかね。まぁ、彼氏をつくりたくな
　　　　い、自分の時間を大切にしたいって本当に思ってるな
　　　　ら、そのままでいいと思う。けど、それをモテないことの
　　　　言い訳にはしないでほしいな。もっと広い目で周囲を
　　　　見渡して、現実を直視してみてもらいたいです！

⑦当然「モテ」が人生の全てではない。

でも、ステキな人は自然と「モテ」ちゃうの。⑦

イケメンが怖い

　ケイ　この項目、私がイケメン苦手なので入れました。
　山添　なんでそう思うんですか？
　ケイ　イケメンに話しかけても、心の中で"ブスが話しかけて
　　　　きてんじゃねぇ"って思われてんじゃないかって怖いし、
　　　　必要以上に話しかけられたら逆に"私、だまされるのか
　　　　な"って変に勘ぐっちゃう。そして、素直に喜んで好意
　　　　を持ったら、"簡単に落ちた"って笑われるんじゃない
　　　　かって思っちゃうんだよね。普段、優しくされ慣れてな
　　　　いから、どうしても身構えちゃうの。
　山添　考え過ぎやって……。頂点にいるようなイケメンはまず、
　　　　そんなこと考えてないですよ。
　ケイ　女はいくつになっても、好きじゃない人に告白されると
　　　　「マジでキモいヤツに告白されたんだけど！」って話し

ちゃうものなのよ。だから、男の人も同じように友達同士で悪口を言ってるだろうって思い込んでるところがあるから、自分がもし好意を伝えたら「ブスに告白されて最悪だよ」とか言われるんじゃないかなって思っちゃうんだよね。

山添　男の立場として、そんなことないとはっきり言わせてもらいたいです。学生時代にはそういうこともあるかもしれないですけど、大人はそんな話はまずしないです。イケメンが女性に対して優しく接するのは分け隔てないからやと思うんで、過剰に反応せんといてほしいですね。

ケイ　それ、イケメン代表としての意見？

山添　……そういうわけではなく、イケメンの心理を想像して言わせていただきました（笑）。怖がらなくて大丈夫です、とも言わせてください！

一生懸命想像しました！

異性からもらった誕生日プレゼントの写真を、わざわざSNSにアップしたことがある

ケイ　SNSっていろんな使い方があって、自分を良く見せてたいと思ってる女の子は多いと思う。異性からもらったプレゼントの写真をアップするというのもその1つだと思うんだよね。たとえば、もらったアイテムだけをアップ

男からもらったことをにおわせながら…。

してる場合、自分が異性として認められてる証拠として載せている可能性が高いよね。男の人はそういうことしないから、山添にはわからないかもしれないけど。

山添　SNS社会の今やからこそ、目に付きやすくなってきましたね。女の人は同性の中でより優位に立ちたいがために行動することがあるっていうのは、ケイさんとコンビを組んでから知ったことです。

ケイ　自分の顔は載せてないのにもらったプレゼントをアップしてるっていうことは、"顔を載せるほど美人じゃないってことはわかってるけど、こういう物をくれる男はいるのよ"ってアピールしてる証拠。美人だったら「これもらっちゃいました！」って、自分の顔を一緒に載せると思うんだよね。普段からそういう投稿をしていたり。

山添　普段からの心がけと違うことをやると、違和感が生まれるっていうことですね。

ケイ　そうそう。だから、"わざわざ"っていうところがポイントで、一度でもそういうことをやったことがある人は、チェックしてほしい項目です！

もしかして私って"ウジガチ子さん"!?

ケイ　1つでも当てはまる人は、自分を普通以下に設定してほしい、と最初に言いました。ちなみに、<u>私は全部に当てはまります（笑）</u>。こういう女性たちって1人で悩みに

> まさかとは思いましたが…！
> わたくしは、元ウジがチ子です。

　悩んでウジウジするばかりで行動できず、いざ男の人と話すとなるとガッチガチに緊張してしまうので、この本では**"ウジガチ子さん"**と呼ばせてもらいたいなと思います。

山添　**"可能性"**って呼ぶのはどうですか？ 男の立場からいえば、元からの美しい女性ももちろん好きですけど、これから磨かれる原石を発見したいという気持ちもあるので。僕なんかね、たとえばカワイイなと思って観始めた、全くランキングにも入っていなかったセクシー女優さんが、だんだん人気が出てきたりすると誇らしい気持ちになるんですよ。

ケイ　ポジティブに捉えてくれるのは嬉しい。けど、そのたとえはない（笑）。

山添　あぁ、すみません！ これ以上、いいたとえが見つかりませんでした。

ケイ　じゃあ、"可能性"というポジティブな呼び方もしつつ、ウジガチ子さんたちを幸せに導きたいと思います！

ウジガチ子さんの特徴とは?

ケイ　ウジガチ子さんって、"私ってそこそこカワイくない?"って自分はそう思っている**内向的な自信を抱えてるの。**だから、カワイく思われるためにものすごーーくがんばっていて、積極的に行動できる女の子たちが羨ましくてちょっと妬んじゃう一方、変な自信があるからこそ自分自身の現状を軽視して甘えちゃったりするところがあるの。さらに、"どうせ私なんか"っていう卑屈なところも持ってるんだけど、ステキな相手と出会えるんだっていう**変な自信だけは揺るがない**っていうかなり複雑な思考の持ち主なんだよね。

（「あの子ブリッ子だよねー」と悪口言ったり。②）

山添　僕はケイさんと出会うまで、そんな思考を持ってる人がいるとは思わんかったというか。

ケイ　山添が女の子と楽しそうに話しているのを、外側からただ見ていた女の子たちがこのジャンルに当てはまるんじゃないかな。"山添くんと喋ってみたいけど、話しかけてくれるのを待とう"みたいな感じの子。

山添　いやいや、僕はそんなたいそうなところにはいなかったですよ（笑）

ケイ　存在自体、知らなかっただけじゃない? ウジガチ子さんたちの葛藤って自分の中ですべておこなわれているから、周りに気づかれないんだよね。"普通に話しかければいいじゃない"って言われるような状況でも、変なとこ

ろで卑屈だから"何、ブスが話しかけてるんだ、って思われたらイヤじゃん!"って過剰に思っちゃって話しかけることすらできないし。

山添　たしかに、本気のウジウジしているところって異性には見せないものかもしれないですね。僕を異性として意識せず、闇の部分をどんどん見せてくれたケイさんとコンビを組んだことによって、女性のほんまのところを知る機会を得たなとは思ってます。見本で良かったかどうかは別として。

ケイ　ふふふ、びっくりしたでしょ?

山添　**恐ろしいほどめっちゃ考えてはるのに、表には一切出さへん。** なんや、これって最初は驚きました。ネタにたとえるなら、めっちゃ考えて一生懸命コントつくったのに舞台には一切出ぇへん、みたいな感じ。いろんな方向から笑いのパターンを考えに考えて1つの答えを導き出しながら、「ま、ライブには出ませんけどね」ってあっさり言い切るような感覚じゃないですか。すごく良い例え!! 男の僕からしたら、結果とか答えを早めに知ったほうが後悔は少ないやろうになって思ってまうんですけど。ケイさんのそういうところを何度か見て、なんのために悩んでるんやろうって不思議でしかなかったです。

ケイ　改めて言われると、たしかにそうかも。私のようなタイプをお笑いにたとえるなら……学校の教室で放課後に1人、ネタを書いてるとするじゃない? そこへ、クラスでいちばん人気のある男の子がやってきて「お前、何やっ

てんだよ。それ、お笑いのネタ?」って話しかけられるの。で、「やめて! なんでもないから」って否定しながら、「見せてみろ」ってノートを取り上げられられたいわけよ。なぜなら、読んでほしい気持ちはあるから。

山添　ほうほう。　　　次の日からクラスの人気者になるストーリーです。

ケイ　で、「めっちゃ面白れぇじゃん。これ、文化祭でやろうぜ」って褒めてもらえて、クラスの明るいところにも連れていってもらいたいって思ってるんだよね。さっきも話したように、地味な自分にいつかスポットライトが当たるって信じてるところがあるから、こういう願望を持つの。家でひっそりとやればいいことを教室でこっそりとやっちゃってる辺り、誰かに気づいてほしくて仕方がない証拠だからね。

山添　基本、全部受け身なんや。しんどいなぁ。けど、無理やん? 自分からアピールせんと、舞台には立たれへんわけやから。　王子様ーっ!

ケイ　そうなんだけど、自分なんて……っていう卑屈さが邪魔してアピールはできない。「お前、めちゃくちゃ面白いから、今度の文化祭でやれよ」って後押ししてくれる人が現れるのを待ってしまうんだよね。もちろん、そういう人は簡単には現れないんだけど。

山添　で、万が一そういうチャンスが巡ってきたとしても、経験を積んでないから本番でガチガチになって、本来の良さも出されへんねや。不毛やなぁ!

ケイ　そうなの! もちろん向き不向きがあるから、舞台に立って自分で発表したい人、誰かに提供してやってもらう人、ラジオに投稿する人……。面白いことを発表するにしても、いろんなパターンがあっていいわけじゃない? 恋を叶えたいとかステキな相手を見つけたいと思っているウジガチ子さんにも、まずは<u>自分から行動してほしい。</u>できるところからでいいから、積極的な何かを始めてほしいんだよね。

自分の欠点をポジティブに受け入れる

山添　ケイさんは今も卑屈なところはありますけど(笑)、どうやって前向きに考えるようになったんですか。

ケイ　小さい頃はけっこう明るかったから根は暗くないと思うんだけど……。小学校まで成績がトップだったのに、中学で私立に進学したら勉強が追いつかなくなって。今思えばそこまで成績が悪かったわけじゃないんだけど、それまであった自信がなくなってどんどん暗くなっちゃったんだよね。で、ある日、教室で本を読んでたら、同じクラスの男の子にとんとんって肩を叩かれて「握手してもらっていいですか?」って言われて。握手したら、その子が自分のグループに戻っていって「握手しちゃった!」って報告して笑ってたの。それを見て、"私って罰ゲームに使われるくらい暗いんだな"って気づいた

たちばな君です。
⑦

んだよね。

山添　それ、だいぶすごい経験ですね。

ケイ　私はただ周りと仲良くしてないだけだと思ってたんだけど、その男子のグループがそこまで目立つタイプじゃなかったこともあって、"もしかして私、このクラスの底辺？"ってハッとして。そうしたら、逆に面白くなって"え、私って暗過ぎじゃない？"って自虐気味に笑えちゃったんだよね。

山添　あぁ、笑いに変えられたんや。

ケイ　そう。まぁ、急に明るくなれたわけじゃないんだけど、なんだかスッキリして、翌日には"クラスメイトと話してみようかな"って前向きに思えるようになってたんだよね。私、その頃から自分でカテゴリーをつくることが好きで、自分の立ち位置を見つけたら気楽になれるところがあったの。たぶん"ちょうどいいブス"も、そういうことなんだと思う。芸人として、美人でもブスでもないみたいな立ち位置ではやりづらいなと思ってたとき、ジャングルポケットの太田さんに「ケイちゃんはちょうどいいブスだから」って言われて。"あ、私ってそのポジションなんだ"って気づいてから客観的に自分自身を見て分析できるようになったし、その状況を楽しめるようになったんだよね。まぁ、山添が言う通り、いまだに卑屈なところはあるんだけど。

山添　根っこの自己評価はかなり高いですし、美人気質です

> 自分が何者なのか、周りからどう思われているかがわからなすぎて不安だった。

> シンプルに「ブス」って言ってくる先輩もいた中で。

もんね、ケイさん。

ケイ　あ、そう？（笑）

山添　ちょうどいいブスって言われながらも、下のカテゴリーには行かへんというか。"自分のこと、美人やと思ってるから出たな、このボケワード"とか思うときがあって、はたから見てるとめっちゃ面白いですよ。"ちょうどいいブスって言われてるけど、私は認めてないわよ"みたいな空気感、持ってはりますもん。

> 僕が下げる表現をしてしまった時の緊張感ったらもう…。

ケイ　あぁ……。さっきも言ったように、女の人が自分をブスだと認めるのは、けっこう難しいんだよ。だから、多少なりともモテたいとか好かれたいっていう気持ちがあると、自分をブスだと"仮定"することしかできないんだよね。私も元々ウジガチ子で、どちらかというとすぐ行動に起こせないタイプなんだけど、ずっとモテたいって思っていた。そこから徐々に、1人で何もしないで泣いてるより、笑っていたほうが周りの人にも気づいてもらえることが多いって知って、そう心がけて行動するようになったから変われたんだと思う。

> 私もあくまで"ブス"と"仮定"しているだけ。

山添　自分の内面を変えて、行動に移したと。

ケイ　そうそう。違う環境に身を移すのが苦手ならば、今いる環境でどう変化を付けるのか。モテるためには暗いより明るいほうがいいし、料理はできないよりできたほうがいいとか、自分に必要なものを次第に身に付けていった感じだよね。

> 新しい出会いの場に行くのが手っ取り早いけど。

男性は女性の想像より間口が広い?

(この頃はまだ「2人きりで飲む」イコール「そういうこと」って思ってた!! そんなことないのにね。)

山添　コンビを組んだ当時、すごく男性を意識してましたもんね。ケイさんを含めた仕事関係の5〜6人で飲んだことありましたけど、意気投合した男性から「2人で飲みに行きましょう」って言われた途端、急にそっけない感じになってたって聞いたことがありますよ。

ケイ　その頃は、男性にまだ慣れてなかったからだろうなぁ。基本、行動できないタイプだから、積極的に話しかけたりするのはいまだに苦手だもん。だけど、山添とコンビを組んだら周りに男性が増えたし、話すようにもなって。で、"男の人って私が話しかけても、ブスがなんで話しかけるんだとか思わないんだな"って、やっと気づいたんだよね。

山添　いやいや、中高生やないんやから。大人でそんなこと思うてたり、口に出してたりするヤツおったら、その男のほうが敬遠されるやろ(笑)。

ケイ　ウジガチ子さんはなんでも自分の中で完結しちゃうから、卑屈なところを簡単には払拭できないのよ。行動できない自分に落ち込みながら、**家の中でブスがつくった曲を聴いて自分に重ねて泣いたりしてる**んだけど、自分の中に閉じこもらないことも大事。1人で泣いていてもそれは"無"でしかないけど、外で泣けば知らない誰かがハンカチを貸してくれるかもし

(誰の曲とは言ってません。)

(誰のこと言うてんにゃろ)

れない。友達の前で泣けば、誰かいい人を紹介してくれるかもしれない。だから**ブスの曲も聴きたいなら、外で聴くこと**。外に出ると化粧しなきゃいけなかったり、ちゃんとした格好をしなきゃいけなかったりして、少なからず美意識も生まれるじゃない？ たとえば、買い物に出かけて洋服を試着して"ちょっと太ったかな"って思ったならダイエットしてもいい。外に出てほかの人と触れ合うと、心が前進するための新しい何かも生まれるんじゃないかなって思うんだよね。

※皆それぞれ誰も浮かんでるん？

間違ったアプローチを今すぐ正そう

ケイ　どうしても自分自身がわからないっていう人は、**初対面の異性からどう思われているかを知るため**に婚活パーティや合コンに行ってみたらいいんじゃないかなと思う。

山添　恋愛において、男はリードする側やからまず声をかけて相手のストレートな反応を知れるし、ダメなら即切り替えることができる。けど、女性は受け身やから基本、自分がどう思われてるかはあんまりわかってないんや。

ケイ　そう。声をかけられる立場だからこそ、自分が**男の人を選んでいると勘違いしてる**んだよね。実は自分が選ばれてる立場なのに。私も合コンでは一度も選ばれたことがないんだけど（笑）、たくさんの女性がい

その通り！山添も良い事たまには言う。

そして私がよりわかりやすく言ってる！！

うん、よくキレてる。

恋愛迷路は気づかないと抜けられない

る中で自分がどういうポジションにいるのかを確認した
い人はぜひ試してみてほしいな。

山添　ケイさんはこの仕事をしていることが、最大の婚活
パーティやって言うてますけど。婚活パーティ歴11年目になりました。

ケイ　メディアを通して、私を見てもらえるってすごいことだよ
ね。その結果、「ケイさんはブスじゃないです」って言っ
てくれる人がいることもわかったし、仕事で会った男性
にも「モテそうなの、わかります」って言われるように
なったし！

> 「言ってくれる」って表現が謙虚よね！

山添　あと、ケイさんは他の人を反面教師にしているところは
ありますよね？ キレイな人とかカワイイ人を目指そうって
いうよりも、自分の中で「この振る舞いはダメだ」とか
「自分の身の丈に合ってない洋服着てるな」とか、ほ
かの女性を見て気になるところを自分と照らし合わせ
て改善してる感じがするんですけど。

ケイ　<u>美人と同じことやってても、違いは出せない</u>もんね。カ
ワイイ子やキレイな人を目標にできるのは、やっぱり
ちょうどいい美人以上。ハウツー本と同じ理論で、ちょ
うどいいブスの自分が多少なりともカワイく見えるには
何をどうフィットさせたらいいかを考える。それってすごく
大事なの。たとえば、胸を大きく見せたいとするじゃな
い？ キレイでカワイければ、胸元が開いた服を着てキュ
ンとさせてもいいと思う。いろんなアプローチ方法が有
効だからね。けど、美人じゃない人は胸元を開けるより

ピッタリとしたニットを着て横から見せたほうがいい。で、
「あれ? よく見たら胸大きくない?」って思わせたほうがグッとこない?

山添　**絶対にそうです!**

ケイ　胸が大きい人はぽっちゃりしてる人も多いから、ピッタリしたニットを着ることに抵抗があるかもしれない。けど、ニットを着て、男性の横で伸びとかしたら効果的だよね。女性として意識されるきっかけをつくれるっていうか。

山添　普段、猫背やったら……**それ、めっちゃいい!**

ケイ　ね? 特に、30代からは品も大事だから、胸元が開いた洋服は選ばないほうがいいしね。

山添　品を感じられる女の人は、男全員好きやと思います。イケイケ系の男の人は胸元の開いている服が好きだと思われがちですけど、品を残している服装のほうが好きですからね。僕でいえば、とんがりコーンみたいな爪の女の人は苦手ですもん。内面が好きでも、『シザーハンズ』みたいに指を動かしてるのを見ると、さすがにちょっと引いてまいます。

ケイ　そういう人って「男性にモテるためにやってるわけじゃない」って言いそう。まぁ、モテるためにやったとしても男の人ってキレイにネイルケアしてても褒めてくれないけどね。私が髪切ったときですら全然気づきもしないでしょ、山添も。

山添　あぁ、また盛大なブーメランが返ってきたーー!

（欄外メモ）胸はやっぱり大きいほうがいい。

（欄外メモ）ちなみに 3日前に結構髪切ったけど、まだ気付いていないようです。

悩んだら取捨択一で答えを導く

ケイ　行動に移すにしても、ウジガチ子さんは迷いが大きいっていうところがあるよね。私は迷ったとき、常に2択で考えるようにしてるんだけど。

山添　そういうときのケイさん、すごく冷静で現実的ですよね。たとえば2本のネタ、どっちをやるか選んでるとき、「こっちはこういう悪いこともあるかもしれない。もう1つのネタはいいところはあるけど、マイナスに思われる可能性もあるから、最初のほうがいいかも」って2つのメリットとデメリットを考えて選んではりますもんね。あれ、めっちゃいいと思います。

ケイ　私たちのような女は、どうしてもデメリットだけを考えてしまう。で、答えの出ない問いをずーっと頭の中でこねくりまわしてしまうんだよね。婚活パーティに行ったら誰かに揶揄されるかもしれないとか、もし知り合いがいたらどうしようとか考えちゃう。知り合いがいたらいたで「えー! 来てたの? 知り合いがいてよかったー」って言えばだけなのにね。

山添　友達と一緒に行ってもいいですし。

ケイ　そうそう。誰も見てないところで、自分のガチ感に引いてもしょうがないもんね。だから、2択で答えをバンバン出していく。彼氏が欲しいなら、どうしたらいいのか。家の中にいてもしょうがない、じゃあ外に出ようとか、目標

例えば サッカーの
試合を見るとして
〈1案〉1人で家で見る
〈2案〉スポーツバーで見る
どちらが 出会いにつながる?

==を明確にしていくことが大事。==で、どうしてもできないと思ったなら妥協点を探していく。手帳とかにできることとできないことを一度書き出してみると、自分が今いちばんしたいことがわかってくると思います。この方法、悩みが多い人にはマジでおすすめです!

恋愛迷路は気づかないと抜けられない

SUMMARY

★ 少女漫画のような話は、現実の世界ではほぼ起こらない
★ 世のハウツー本のほとんどは、美人向けに作られている
★ これまでの価値観を捨てて、自分と向き合ってみよう
★ 自信を失くす必要はないが、妙な自信は捨てよう
★ 受け身ではなく、自分からアピールを!
★ 客観性から新しい自分を発見しよう

COLUMN 1

私、実は
重い女でした。

by 山﨑ケイ

　大学生の頃、付き合ってた人のことを死ぬほど束縛してました。向こうは仕事してるってわかってるのに、21時に帰るっていう約束が守られなかったら、携帯電話に何度も電話して。留守電になったら料金が発生しちゃうから、5回くらいコールしたら切ってまたかけて……って繰り返して着信履歴を残しまくってた。しかも怒って発狂してそうしてるんじゃなくて、無の表情でそういうことを繰り返してたら、「重い」ってフラれました。別れるときも大暴れしましたね（笑）。その後、また別の恋愛したときも"私、男の人と付き合うと束縛しちゃうし、重くなっちゃうんだ"と怖くなって。束縛ってされてるほうはもちろん、してるほうも実は辛いから、"人と付き合うのって辛い"とか"両思いのはずなのにどうしてこんなに辛いんだろう"って思って、私は誰とも付き合わないほうがいいのかも、と悩んだ時期もありました。結局、その後お付き合いした男性によって、自分はちゃんと愛されてる実感があれば、そういう行動は起こさないということがわかって。結局、"束縛させる男が悪かったんだ"っていう結論に落ち着きました。

[必勝法その2]

男女の違いを
理解してから
いい女を目指そう

第2章

実は曖昧ないい男といい女の基準

ケイ　女の人が使う"いい男"っていう言葉と男の人が使う"いい女"っていう言葉の意味って、まったく違う気がする。女の人って友達同士で恋愛の話をするとき、**「いい男、マジで近くにいないよね」**みたいな話するのよ。そこでの"いい男"っていうのは、お金を持ってて仕事もがんばってるんだけど、平日遅くまで残業がなくて土日はしっかりと休みがあって。さらに、友達も家族も大事にしてるけど、私といる時間も大切にしてくれてて、優しくて浮気もしないっていうパーフェクトな理想なの。要するに、"自分にとっていい男かどうか"っていう自己的な都合が含まれてるんだけど、男の人の「あの子、いい女だなぁ」っていう言葉から受ける印象とはちょっと違うと思わない？

山添　あぁ、ほんまや。男の言う「いい女だなぁ」っていう言葉には、あの人イケてるなぁっていう、性的な対象として見ている感覚が含まれている感じがします。

ケイ　山添、前に私に話してくれたじゃない？ 女性が結婚相談所でプロフィールの確認中に相談員の人から「年収300万円ですね」と言われて「すみません、年収300万の人はちょっと。きちんと働いている人じゃないと」って返したら、「あなたのプロフィールです」って言い返されたっていうヤツ。

※浮気するチャンスはあるけど、モテるけど、浮気しない人が究極。

山添 ははは! あぁ、はいはい。ありましたね。あれ、おもろい
ですよね?

ケイ 自分のことは棚にあげている女性が、単に自分にとって都合のいい相手を探してて。山添はそこが面白いなと思って話してくれたんだろうけど、よくよく考えると年収300万円以上、それこそ1000万くらい稼いでる男の人はこの話の皮肉を別に面白いとは思わないんじゃないかな。それに、もしこう言われたら「いいよ。じゃあ、俺が養うよ」って言えちゃうと思わない? あのエピソードを面白がって人に話してしまうっていうのは、自分が年収300万円くらいですよって言っちゃってるようなものだなって。あの話を聞いたとき、**山添の浅さが出てるな**と思った。

山添 ……ぐうの音も出ぇへん。褒められるかと思ったのに、全然違った!

（コレよくある…。）

ケイ じゃあ、山添にとって"いい女"とは?

山添 う〜ん、難しいですけど、女性らしい品のある方ですかねぇ。見た目がボーイッシュでも、女性らしいところがあればいいなと思います。

ケイ はぁ、それって**ちょうどいい美人だけと付き合ってきた人の視点**だよね。

山添 そんなにいうなら、ケイさんが思う"いい男"とは?

ケイ 付き合う人に限定するなら、"あ、絶対この人、私のこと好きだな"って感じさせてくれる男の人。口に出して

① 山添 寛さん(33)の推定年収は300万円です。

気持ちを伝えてくれるのもいいけど、好きでいてくれてるんだなって自然と感じさせてくれると全肯定されてるなと思えるし、"私このままでいいんだ"って安心できて嬉しい。もちろん、"いい男"も"いい女"も所詮、主観だから、こういう人っていうものはないとは思う。けど、第1章でも話したように、初対面の男性を付き合える人と付き合えない人って分けるんじゃなくて、仲良くなれそうだなくらいの軽い気持ちで接したほうが、出会いはより広がる気がするの。だから、この章で男女の違いにスポットを当てることで、みなさんにより恋愛のリアリティを追求してもらいたいと思います！

学生の頃は
恋愛は全然好きじゃなかったころから
少しずつ好きになったものじゃない？

原石に対する考え方もさまざま

ケイ　そもそも美の価値観って、男女で違うよね。たとえば、女性アイドルグループの中に同性から見るとあんまりカワイく見えないなって思う女の子がいたとするじゃない？　その子自身もカワイくないって思われるレベルであることを自覚して自らブスだっていうことを売りにしてる。けど、ファンの男の人はその子のことを心底カワイイって思って好きなんだよね。男の人が容姿で女性を選ぶからこそ起きる矛盾なんだけど。

山添　<u>男は外見から好きになる</u>ということですね。

ケイ　そうそう。ブスキャラのその子が好きなのではなく、その

子の顔もちゃんと好きなの。けど、男性アイドルグループでいちばん人気じゃない男性を好きな女の子たちは、その人がイケメンじゃないだとか地味なポジションにいるだとかを把握していて、そこに属している彼が好きなんだよね。要するに、**男の人は視覚的に見てタイプの人に惹かれる**のに対して、**女の人は容姿だけじゃなくて精神的な部分に惹かれている**ってこと。山添がウジガチ子さんの中にも可能性を感じる原石がいるって言ってたけど、男の人のいう原石はその人にとってすでに輝いて見えているもの。対して、女の人のいう原石はどろどろな見かけでも「私が必死に磨いてキレイにしてあげる」って思っちゃえるものだっていう違いがあるんだよね。

> 女は「私だけが彼の良さに気付いてる」とかも好きなのよね。

山添 はぁ、なるほど。女の人は石を掘り起こすところから始められるんや。

> そういえばケイさん精神弱そうな人が好きって言ってたよな

ケイ 女の人は「ここにダイヤとなる原石があるかもしれません」って言われたら、その可能性を信じてがんばって掘り起こしていくの。けど、男の人はそう言われたら、「え、これ掘るの?」ってなるでしょ? "大きい石を渡されてこの中にダイヤがあります。削って磨いてみてください" っていう状態からならがんばれるけど、何もないところから見つけるのは得意じゃない気がするんだよね。ウジガチ子さんたちはまだ洞窟の中にいて、何層もある土の中で固まってる状態。そこから見つけてくれる男性なん

ていないから、自力で雑にでも自分自身を切り取って男性の前にコロンと落ちないといけないわけよ。

山添　磨けるところまで出てきてくれたら、男としてはだいぶ助かります!

ケイ　でしょ? だから、少しでも変わりたいと思っている女性は、この機会に自分の考えをもう一度見つめ直して、恋するモードに持っていくための行動をしてもらいたいんだよね。

> 男は手がかかるわよね。⑰
>
> お手数おかけします!⑭

時代とともに変化する男女の距離感

ケイ　まず、世の中の人が考えるいい男、いい女ってどういう人たちなんだろうね? 私の場合、死ぬ瞬間に**"あぁ、女に生まれて、幸せな人生だったな"**って思わせてくれるようなパートナーがいちばん"いい男"だなとも思うんだけど。

山添　極端な意見やなぁ。第2章にして最後のセリフみたいなこと言うの、なんなん?

ケイ　(笑)山添はその点どう? 男の人は自分を世界一だと思わせてくれる女の人が、いちばんいい女だとかよく言うじゃない?

山添　僕が思うに、全部受け入れてくれるとか一緒におって楽やとかじゃなくて、別のところにおっても"仕事がんばろう"って思わせてくれる人が、男にとっていちばん"い

い女"なんやないかなと思うんですよね。以前、付き合ってた彼女に「なかなか会えへんけどええか?」って聞いたことがあったんですよ。

ケイ　その子、なんて答えたの?

山添　「まぁ、忙しいのはいいことだよね。大丈夫だよ」みたいなことを言ってくれました。そう言われて、大人として自立してる彼女はステキやなと思ったし、余計に好きになりました。

ケイ　たしかに、依存性の低い女の人のほうが"いい女"率高い気がするよね。

山添　男も絶対そうやと思いますよ。大人の男女の付き合いには、一定の距離感と気遣いは不可欠な気がします。

ケイ　昔は彼氏との距離感なんて近ければ近いほどいいと思ってたけど、距離感があったほうが長く一緒にいられそう。それに、友達としての関係性よりさらに少しだけ気を遣ってくれるくらいの男性のほうが、今はステキだと思えるようになってきたのかもしれない。私自身が気を遣っちゃいがちだから思うことなんだけど、"長く一緒にいても、こういう些細なところを気遣ってくれるんだ"とか感じる瞬間があると、この人とずっと一緒にいたいなって思えるよね。

山添　学生の頃は言いたいことが言えるほうがいいとか、ありのままの自分を今すぐにでも受け入れてほしいとなりがちですよね。けど、大人になったら、気が付いたら受け

入れてくれていて、自分は出すつもりがなかったわがままも自然と言えているくらいの関係性が良さそうですね。よくいう"空気みたいな存在"というか。

ケイ　さっき山添が言ったように、一緒にいないときにお互いをどれだけ思い合えてるかって大事だしね。ある俳優さんが「奥さんも働いてるなら、体力がある僕が家事をするのは当たり前ですよ」って話してて、ステキだなと思ったことがあったの。世の中の男性って家事は女性がやるものだってまだまだ思ってる人が多いけど、そこに思いやりがあれば、考え方も変わるんじゃないかなって思う。たとえば、"今日は朝早く出かけないといけなくて申し訳ないから、わざわざ奥さんを起こさなくても自分でやれることはやろうかな"って思ってもいいわけじゃない？ もちろん、それは男性に限らず、女性も同じ。相手から気遣いを感じたら「ありがとう。今度は私がやるね」って言うとか、そういうちょっとしたことって実はすごく大切なんだよね。

山添　思いやりって大事ですよね。　　勉強になります…。

ケイ　恋愛していると、ついつい自分中心に物事を考えがちになるじゃない？ だけど、<u>普段から相手の立場に立って物事を考えるくせをつけておく</u>と、いざステキだなと思う人と会ったときに役立つんじゃないかな。友達に子供が3人いるから、時短勤務してるっていう子がいるんだよね。自分としてはほかの同僚より効率良く仕事し

（吹き出し）ま、その俳優さん その後離婚してたけどネ…。

ている自負はあるけど、時短だから給料は少ない。本当はバリバリ働きたい気持ちもあるんだけど、旦那さんが普通に仕事してるからお迎えとか夕飯の支度は自分がしなきゃいけなくて、そこにすごくストレスを感じてるんだって。休みの日に家事を手伝ってくれたり、子供たちとめちゃくちゃ遊んでくれてたら不満は出ないんだろうけど、実際にはそうでもないらしくて。

山添　旦那さんは休みの日も、自分自身のために時間を使ってしまってると。

ケイ　そうみたい。「ご飯食べに行こうよ」って誘っても、「旦那に面倒見てくれるか聞いてみたけど断られた。ごめん。行けない」って言われるんだよね。

山添　平日、仕事をがんばってるから、休日は自分自身に時間を使いたいっていう旦那さんの気持ちはわからんでもない。けど、奥さんが休む時間も考えんとね。どうすれば、男の人はもっと協力的になれるんですかね？

ケイ　モチベーションを上げるために、SNSでイクメンアピールしてもいいよね？「今日は息子とここに来ました」とかつぶやいたりして。

山添　リプライをもらえば、自分のモチベーションも上がるやろうし。

ケイ　そうそう。で、奥さんは奥さんで「旦那さんが子供を預かってくれてるから、友達とランチしてます。感謝!」ってSNSにアップすればいい。辛いとかきついとか愚痴を

　　　　吐き出したいときももちろんあると思うけど、ポジティブに考えると楽しくなることもあると思う。幸せ自慢とかイヤミだとか言われることもあるかもしれないけど、そんなのは所詮、妬みだからまったく気にしなくていいし、お互いにうまく息抜きしながら歩んでいける夫婦やカップルでいられるってすごくステキだもんね。そういう意味では、芸人の男性って働きたい女性にとってすごくいいと思うんだよね。たとえば、私たちみたいに劇場中心に活動している芸人だったら昼くらいから劇場入りするから、朝の片付けとかゴミ出しとかもやってくれるだろうし。

山添　「急いでるから、洗い物しといて」って言われたら、僕らできますもんね。劇場にお子さん連れて来てる芸人さんも多いですし。

ケイ　そうそう。自分の出番のときは、芸人仲間がちゃんと見ていてくれるしね。だから、山添もみなさんにおすすめしたい物件です！

山添　物件って（笑）。

ケイ　いくら顔がタイプだったとしても、自分を思いやってくれない人と一緒にいてもしょうがないじゃない？　だから、相手を選ぶ前に自分がこの先、大事にしたいことはなんなのか、相手にどういうことを求めているのかを、ウジガチ子さんは一度整理してみてもいいかもしれないね。

こうありたい自分でいさせてくれる男がイイ男！
それは顔ではわからない！

男性には理解されにくい女性同士のツボ

ケイ　そもそも、女の人と男の人って考え方がまったく違うじゃない？ カップルで「なんで私の言うこと、わかってくれないの？」みたいな喧嘩になることって良くあるよね。私と山添だって、そう。私が「こないださぁ、こんなことがあったんだけど、どう思う？」って話しかけて「はぁ……」みたいな生返事するとき、あんたあるでしょ？

山添　はい（笑）。あと、悩みを打ち明けられて「じゃあ、こうしたほうがええんじゃないですか？」とか「こういうことちゃうんすか？」って返したら、"それじゃない"っていう不満げな顔しますよね、ケイさん。**"何を間違えたんやろ？ なんや、このズレは"** って、いつも悶々としてます！

ケイ　**女の人は共感してほしい。** アドバイスだとか意見はいらないの！「ねぇ、仕事って大変だと思わない？」って言ったら「そうだねぇ、特に〇〇ちゃんの仕事は大変だよね」って言ってくれるだけでいいのよ。なのに、「でも、そういう仕事じゃん」って言い返されると、欲しいのはその言葉じゃない！ って不満に思っちゃう。そうそう、私の女友達が言ってたよ、山添のリアクションは物足りないって。

山添　えっ、ほんまですか!?　　〈てっきり悩み相談にはアドバイスが良いもんかと…。〉

ケイ　女の人だったら「その話、めっちゃいい！」とか「めっちゃ

〈女同士は「わかるー!!」ってよく言うけど男は読めないよね。〉

わかる!」って大きなリアクションしてくれるところを、山添は「あぁ、面白いですねー」って低めのテンションで相槌打ってるって。私たちのラジオを聴いてた友達から、「もうちょっと山添のリアクションが欲しかった」とか「共感が欲しかったよね」っていつもLINEが来るもん。

山添　うわぁ、キビシっ!

ケイ　まぁ、山添の話に対して、私がリアクション薄いことも多いし、お互いさまだけどね。

山添　でも最近、僕の話をめっちゃ聞いてくれるようになりましたよね? 反応が良くなりましたよ。

ケイ　特に意識してないけど、山添の話し方が変わったからじゃない? 前は3歩先から話し出してたけど、私が"あぁ、ダメ。その話、よくわかんない"みたいな反応してたからか、最近はたとえば「昨日、朝早かったじゃないですか」とか、話したい物事の手前から具体的に話してくれるようになった。

山添　あぁ、そうですね。最近は気持ちをつくるように話してるっていうか。

ケイ　そうそう。共感を覚えるような話し方を、無意識にやってくれてるような気がする。

山添　あぁ、たしかに僕、話し方が変わったなって実感してます。その反面、エピソードトークするとき、"この話をしたいのに、僕えらい遠くから喋ってんな"ってパニックになることも最近あって。

私の教育のたまもの!

ケイ 　私に合わせて話してくれている分、女の人との会話は上手になってるけど、エピソードトークが下手になってるんじゃない？ エピソードトークって切り取らなきゃいけないから、女の人との会話とは構成が違うもんね。

山添 　あ、ほんまや。エピソードの切り取り方が下手になってるかもしれません。

ケイ 　打ち合わせとかで「面白いことありました?」って聞かれて山添が答えてるとき、たまに"その部分いるのかな"って私でも思うことあるもん(笑)。コンビ組みたての頃の山添は"私に話したい話"をするっていうより、"自分が話したい話"をしてるって感じだったけど、今は私が興味を持つように話そうとしてくれてるから、2人での会話が楽しくなった。<mark>女の人って全部わかってほしいから、細かく細か〜く話すもんね。</mark>

※それにようて本題をたどる率しちゃう

山添 　たとえば、朝早かった日、くらいの前置きでええのに、朝早かったのはなぜかをたっぷり話しますよね。

ケイ 　そう！「朝、全然起きられなくて、3回くらい目覚まし時計が鳴ったんだけど起きられなくて……」って、だらだら話しちゃうんだよね。　それくらい眠かった、ってことを伝えたいのよねー。

山添 　<mark>男の人は、本題のギリギリ前から話してほしいんです。</mark>

ケイ 　でしょ? けど、女の人は本題の前も聞いてもらいたい。そのくせ、女の人は男の人が野球の話とかしていると**「全然わかんない」**って聞こうともしないっていう悪いところもあるけど(笑)。

山添　最後まで聞いてよって思いますよ、それ。

ケイ　中途半端なことは聞きたくないから、しょうがないんだよね。わからないってシャットアウトするか、ルールから全部を教えてもらうかどっちかなのよ、女の人って。

山添　けど、最近は途中で「わからない」とか言わなくなったじゃないですか。前、みんなで野球の話をしていたときも今までやったら「私、わかんないんです」って早めに言うてたけど、「野球のこれってどういうことなんですか？」って最後まで待って質問してて、しかも興味まで持ってはるってびっくりしました。　私も成長してる!!

ケイ　その辺は、山添に教育されたところなのかも。以前、番組の収録で、山添がほかの芸人さんがネタをやっているのをものすごく真剣な表情で観てたことがあったでしょ？　で、私が「ねぇねぇ、この人さぁ、あの仕事で一緒だったよね？」って話しかけたら、途中で「うるさい！ 観てんねんから！」みたいな感じで言われて、すっごく傷ついて！

山添　「うるさい！」とは言うてないでしょ？（苦笑）「ちょっと待ってください、今観てるんで」って言うだけですやん。話が大きくなってる……。

ケイ　私には「うるさい！」って言ってるような気がしたの。いつもの穏やかな感じじゃなくてプイって感じだったからすごくムカついて。山添とそのときの気持ちを共有したかっただけなのにって悲しかった。

山添　はぁ……。女の人は共感してほしいっていう気持ちがほんまに強いんですね。以後、気をつけます（笑）。男性のみなさんも気をつけてください。あと、女の人は==男が無駄にアドバイスしてもすぐイヤにならんとってください==！ それこそ、男の本質なんですから。

> 本当に良かれと思ってなんです…。

女性が男性に求めるリアクションとは？

山添　今までの話をまとめると、女の人は悩みを相談したとき、答えが欲しいわけではないと。聞いてくれるだけで良くて、自分自身で立ち上がる性質を持ってるってことでいいですか？

ケイ　立ち上がるっていうか、**相談しているときはすでに自分の中で答えが決まってる**のよ。たとえば「赤と白の洋服、どっちがいい？」って聞いたとするじゃない？ で、自分では赤がいいなって思ってるから、"赤って言ってほしいな"と心の中では考えてるんだよね。

山添　そこまでガッチリ決まってんねや。

ケイ　そう！ なのに「白いほうがいいな」って言われると、"赤がいい"って思ってた絶対的な気持ちが揺らいで、最初は赤9割くらいだったのに、6割くらいになって迷っちゃうんだよね。

山添　なるほど。じゃあ、中途半端な返しをするくらいなら、「どっちも似合うよ」とか「君はどっちがええと思う？

> 男達！ ワガママばかりでゴメン♪
> by 女代表

> 「もう1回このフロア1周って決めたら?」とか新しい選択肢出すのは肩。⑦

そっちにしたら?」とか、同意してるようなことを言ったほうがええってことや。

ケイ　そうだね。そのほうが、自分の答えを出しやすいかも。

山添　ってことは、その相談に乗ってほしいっていう気持ちは、涙活に参加する人たちみたいな感覚ってことですか? 涙を流す動機がほしいっていうか。

ケイ　**背中を押してほしいっていう感覚**なんだと思う。たとえば、彼氏に「仕事で大変なことがあって辞めたくなっちゃった」って話したとするじゃない? で、「そうだね、大変だと思う。俺もそういうことあったよ」っていうのは辛うじて共感してるけど、「辞めないほうがいいんじゃない?」っていうアドバイスはいらないのよ。もし「辞めたいんだよね」って相談されたら、「そっか〜、まぁ辞めたければ辞めてもいいんじゃない? まぁ、辞めたくなることもあるよなぁ」がベスト。

山添　<u>俺の経験とかアドバイスはいらん</u>と。ほんまに共感するだけでええんや。

ケイ　そう。で、「いや、でもね、がんばろうと思ったのよ」って言ったら、「あぁ、そう思えたのなら良かった」っていう返ししか求められてない。

山添　そうか〜。男は生きてきた中でちょっとでもためになったことを思い出して、相談してくれたこの子のために何か照らし合わせられるいいアドバイスはないかなって思うもんなんやけど。

ケイ　それは必要ない。男の人はためになることを欲しがるけど、女の人はそんなものいらないのよ。もし「大変でも、別にいいじゃん」とか軽々しく言われたら、一気に怒りのスイッチが入って「ねぇ、**本当にそう思ってる？** 本当は辞めたほうがいいって思ってるんじゃないの？」とか言っちゃうんだよね。

山添　あぁ、別の問題が発生してまうと。

ケイ　「そんなにイヤなら辞めればいいじゃん」とか突き放すような言い方をされても、「何？ その言い方!」ってムカッと来ちゃうし。

「寄り添う」以外の答えは全て地雷…と。

山添　で、後日、女友達に「彼氏にこういうこと言われたんだけど!」って話してまうと。相談事が増えてもうてるやん（笑）。

ケイ　本当にそう。良かれと思って言ってくれてる男性もいるってことは、もちろんわかってる。だけど、女の人ってそういう生き物なんだよね。ただ、逆に女の人同士の相談ごとだと逆に的確なアドバイスを求めちゃうのよ。女友達に「彼氏に浮気されて」って相談するなら「絶対に別れたほうがいい。そんな男とずっと一緒にいてもしょうがないじゃん!」って言われたいんだけど、男性には「そうなんや。大変やったね」って言われたい。<u>異性に相談するのは話を聞いて状況を理解してほしいからで、同性に相談するのはアドバイスが欲しいからなのかもし</u>れない。

ムズーッ!

女心って我ながら難しい。複雑。めんどう!!

恋愛迷路は気づかないと抜けられない

山添　そうかぁ。すでに答えが決まってるクイズ出されてたなんて、まったく知らんかった。そのクイズ、よくてプラマイゼロで、ほぼマイナス。

ケイ　**絶対に100点は取れないクイズ**だね。

山添　僕、ケイさんと出会って、女の人に対する考え方が大きく変わりました。今までは周りが男ばっかりやったというか、彼女以外の女の人とはあんまり深く喋ったことがなかったんですよ。やから、ただただ共感してほしいだけだなんてマジで知らなかったです。

ケイ　「はじめに」でも話してるけど、山添は異性としては元々興味はあったと思うんだけど、私とコンビを組んだことによって生物としての女に、いっそう興味を持ったからね。だから、私以外の女性にも「なんでそう思うの?」ってよく聞いてるでしょ? 女性がなぜそういう思考に行きつくのかとか最近は考えている気がする。

山添　以前は脳のつくりが違うだけで、考え方は一緒やと思ってたんですよ。けど、男と女は、考え方がまったく違った。それを知った今、昔の恋愛とか彼女のこと思い浮かべて、"あんとき、ああいうふうにしてほしかったんちゃうかな"とか"彼氏っぽいこと、全然してあげられてへんかったな"とか反省しています。

ケイ　そもそも男と女が根本的にまったく違うってことを、理解してない人って本当にすごく多いからね。けど、基本的な性質がわかると、相手を知りたいと思ったときにも

私も理解できないことがあると「まぁ男だから……」って諦められるようになった!

役立てられるし、好意を引き寄せるチャンスも生み出せると思うんだよね。

付き合う条件は平穏な心を保てること!?

ケイ　私も過去にけっこう重い女だったことがあるんだけど、どうやったら相手に依存しなくて済むようになるんだろうね。たとえば付き合った人とはずっと一緒にいたいと思う女の子って多いと思うんだけど、男の立場から言うと、その辺どう?

（特に若い子はね）

山添　付き合う前に「いつも一緒にいたい女です」と聞いたら、しんどそうやなと思うでしょうね。相手のことを考えずに、自分のペースを押しつけてきそうやから。これは僕の意見で人それぞれの価値観はもちろん違うでしょうけど、いろんな男の人もおるからなぁ……。一緒にいたがる女の人が好きでカワイイと思っても、こういうことを言われるのがイヤっていう人やったら、感情を態度で示せへん女の人のことを好きになるんかもしれへんし、お互い固定観念が強過ぎるとうまくはいかなそうですね。

ケイ　たとえば、私、スポーツが好き過ぎる人って苦手なんだよね。興味ないのに、一緒に2時間とか試合を観なきゃいけないのが苦痛。だから、気になった人からは割と早めにスポーツが好きかどうか、聞き出すようにし

てる。

山添　試合を観る時間だけ、別々に過ごすっていうのはダメなんですか?

ケイ　いつでも一緒にいられるわけじゃないから、**一緒にいられる時間は共有したい**じゃない。前、付き合ってた人はサッカーが好きだったから、テレビで試合のある日は憂鬱だった。「やっぱりスポーツはリアルタイムで観たいじゃん」って言われて……。もちろんそれがベストだってことはわかってるんだけど、今日しか会えないのに! って悶々としてたなぁ。デートとしてスタジアムに連れていってくれるなら楽しめるんだけど、会話もせずにテレビを観続けるのはちょっとイヤだった。あとは今、付き合う上でいちばん大事だなと思うのは、好きだとかタイプだとかっていうより、一緒にいて平穏な心が保てるかどうか。「うわぁああ!」って振り回されるのは疲れるし、すごくイヤな気分になるじゃない。で、私がそうだと相手も結果的にイヤな気持ちになっちゃって、まったくハッピーじゃなくなっちゃうんだよね。

山添　あのー、男の人に合わせるみたいな感覚って多少はあるんですか?

ケイ　何を合わせるの?

山添　好きやから1回この人に合わせてみようっていう発想というか。

ケイ　あぁ、それはないかな。たとえば、いいなと思って連絡

スポーツ以外は大抵リアルタイムじゃなくて良いから良いんだけど。㋺

おたがい「合わせよう」っていうより、元々「合う」人が私は好き♡ ㋺

先を聞いて連絡するよね？ で、私が返してほしいタイミングで返事が来なかったら、もういいやってなっちゃう。**だって、待ってるとイライラしちゃう**んだもん。

山添　はぁ、すごいなぁ！

ケイ　私、メールの返信が早いじゃない？ だから、相手もそうじゃなきゃイヤだ。

> (山)仕事の返信はめっちゃ遅い…。

> それは今言わなくていいじゃん（恐）⑦

山添　でも、ネタのことで連絡しても既読スルーすること、たまにありますよね？

ケイ　…………ある（笑）。ただ、恋愛は違うじゃない？ 20代の頃は楽しむものでもあったけど、30代になってからは心を乱すような恋愛はしたくないなと思うようになったんだよね。もう**この歳になったら、楽しい恋愛しかしたくない**。「この人、私のこと本当に好きなのかな……」ってずっと不安に思いながら付き合うのも、そんな不安な気持ちにさせる男も、どっちもイヤ。20代だったらそういう部分も恋愛だと思えたけど、30歳過ぎたら"そういう人と80歳まではいられないな"って冷静に思えるじゃない？ たぶん、この本を読んでいるウジガチ子さんはそう思えてない人のほうが多いかもしれないけどね。

> まだ現役恋愛生なのかも。私はOB寄り…。⑦

山添　なるほどなぁ。

ケイ　山添には山添みたいな性格の女性が合う気がする。優しくて明るくて、ピンチのときも笑っていられる人。私はピンチのとき、笑う前に打開策を提案できるような男

> 確かに。ケイさんはどちらかというと取り乱すタイプ…。笑(山)

性がいいけど。

山添　基本、ポジティブな女性が好きです。共感してくれる男性も多いと思うんですけど、たとえば僕がドジなことをしたとき、凹むより「もう！またやん！」って笑ってくれるスタンスの人はええなぁって思います。ケイさん、外見とかは気にせぇへんの？　@頑張ったら誰でも当てはまりそう。テクニック臭い…。

ケイ　今まで付き合った人は、顔のタイプが全員違うからなぁ。元々好きな顔はカワイイ系だけど、顔以外のタイプでいうとファストファッションをすごく上手に着こなしそうな人、チェックのシャツがすごく似合う人が好きかな。山添は、女の人の見た目で好きな感じあるの？ 清潔感があるとか最低限のことは別として。男の人はポニーテールが好き、とか良く言われてるじゃない？

「普通」って感じの人が好き。

山添　好きですね。横で結んでいてもツインでも、まとめ髪は好きです。ただ、前髪が揃ってるいかにも気の強そうなロングヘアとかは苦手かもしれないです。

ケイ　前、ある男性の芸人さんに私とほかの女芸人さんとどっちがいい？みたいな話をしたら、私のほうがいいって言ってて。「なんで？」って聞いたら、「だって、ケイちゃんは茶髪だから」って言われたんだよね。イケる度でいったら、茶髪のほうがモテるんじゃないかな。それに、女性はそれぞれの好みで髪型を選んでるんだと思うけど、男性から見ると巻いてるほうが女性として見られたいっていう気持ちが出てる感じがするんじゃないか

なとも思う。

山添　イケる度が高いっていうことですね。

ケイ　そう。もしモテたい気持ちがあるなら、人気のある女の人のファッションとかヘアスタイル、メイクとかチェックして真似してみるのも1つの手だよね。

大人が目指すべきは自立した女性

山添　内面でいうと、**付き合ってる男性の悪口を言う女の人ってどうなん？**と思います。「今、付き合ってる男が最低で」って言うけど、最低な男を選んだのは自分じゃないですか。

ケイ　たしかに。

山添　ダメ男ばっかりに引っかかってるっていう女の人は、たとえ容姿に恵まれていたとしても"なんか原因があるんやろうな"って思ってまうし。

「守りたい」って思わせたいのかなぁ。

ケイ　何割かなんだけど、**病んでるアピールをする女の人**がいるんだよね。たぶん男の人はあんまりしないことだと思うんだけど、女の人は過去の恋愛がひどかったとかでかわいそうな自分をアピールすることが、恋愛にとってプラスになると思い込んでる節があって。たぶん心配してくれる友人や異性がいると思ってやっちゃってるんだろうけど、それって**100％モテ行動じゃない**からねっていう。したくなっちゃう気持ちもわ

かるし、過去に"あぁ、自分もしてたな"って思うこともあるけど、大体引かれるからやめたほうがいいんじゃないかな。自分のこと、難あり物件ですって言ってるようなもんだからね。

山添　けど、そこに付けいる男性もおるからなぁ。

ケイ　だよねぇ。で、またダメ男に出会っちゃダメだよね。私ね、"いい女"っていうのは、ちょっとした男っぽさも持っている人のことを言うような気がする。

山添　たとえば？

ケイ　1人でも平気ですっていう独立した感じを持ってるっていうのかな。もちろん守りたい女性のほうが男性は魅力的かもしれないけど、長い目で見ると、男っぽさがあるほうがうまくいくような気がする。それこそ、結婚したいと思っているなら余計に。

山添　はっきりと自分の意見が言える大人の女性ってステキですよね。

ケイ　そうそう。弱さより、火事場の馬鹿力みたいな強さを持っているほうがいいよね。

山添　ピンチに陥ったとき、「なんでそうなったの？ 生活できないじゃん！」とか責められるだけより、「何やってんの！ じゃあ、私はこれするから、あなたはこれできる？」みたいに切り替えて最善策を考えられる女の人って心強い。一緒に暮らすなら、特に。

ケイ　男性がいちばんコロッといきそうなのは、か弱そうな見

> 強そうに見えて強いで良いじゃん！
> 弱そうに見せてるのが嫌なのよ。㋙

た目だけど芯が強い女の人だよね。私はいちばん苦手なタイプだけど（笑）。

山添　はい、いちばん好きです！（㊟ まーた大き声出てもうた。）

ケイ　やっぱり？ 男性がいちばん好きなタイプってわかってるから、私は苦手なんだろうなぁ。

> 悔しい…㋙

山添　女の人にとって都合のいい男ばっかりつくる活動だけやなくて、男が好きな女性を広める活動ももうちょっとやらせてくださいよ。

ケイ　でもさぁ、そういう女性をイヤにさせてるのは、男の人たちだってこと忘れないで？ 男の人が私みたいな女の子が好きだったら、誰もキラることなく生きていけるんだからね！ 私に**同性の悪口を言わせてるのは、男の人たち**なんだから！

> 無茶苦茶な事言うてる…！㊟

山添　……何が正しいんか、ようわかへんようになってきた。

ケイ　とにかく、やってくれる、見つけてくれる、声をかけてくれる……常に受け身でいたって好きな人が振り向いてくれるはずはないってこと。美人じゃないから、か弱いアピールをするより、思い切ってぶつかっていったほうがいいと思うんだよね。

女が思う気遣い、男が思う気遣い

ケイ　女同士、仲良くなるにしても、単純に気の利かない人は気になっちゃう。かといって、素直に気が利く行動が

できる人のことは"あぁ、この人、ずーっと愛されて生きてきたんだな"って見ちゃうんだけどね。

山添　ほんまに考え過ぎやって、ケイさん。

ケイ　自分の存在価値を認められてきた人って、すごく素直だよね。私も素直だった時期はあったのかもしれないけど、自意識が芽生えるきっかけがあって今みたいになったっていうか。考え過ぎる環境があったことが要因なんだと思う。同じことをやってるのに、キレイなあの子のほうがチヤホヤされてる。……なんでだろう？ 私がブスだからかなって思った瞬間があったのかもしれない。そういう小さなささくれが積もりに積もると、こういう性格になっちゃうんだよね。

山添　悩みに悩むほど、いろんなことに気遣って考え過ぎてしまうっていうか。

ケイ　そう。だから同じような感覚を持った男性も実はすごく好き。たとえば、先輩にお酌するとかわかりやすい気遣いの行動を敢えてしなかった……ということがあったとして、あとで「あのとき、こう思ってしなかったでしょ」「あぁ、そうなんです！」って会話が成立すると一気に好感持っちゃう。「気を遣われると、逆に気遣っちゃうかなッ」って気遣っちゃうやつ。

山添　2人とも"うわっ、そこに気づいてもらった"みたいな感動があるんや。

ケイ　そうそう。山添はもっと男っぽいっていうか、男性脳の持ち主だよね。私たち信頼関係っていう言葉の認識

にズレがあって、揉めたことがあったじゃない？ 私はなんでも言える関係性だと思ってたけど、山添は言わなくてもわかる関係性だと思ってて。

山添　あぁ、ありましたねぇ。

ケイ　どっちが正しいとかじゃなく、価値観の違いだってわかったから納得したんだけど、女の人はなんでも言い合いたい人のほうが多いんだと思う。

山添　こんなに考え方が違うもんなんやって、あのときもびっくりしました。

ケイ　考え方が違う中ですごくいいなと思ったのは、先輩芸人の怪獣・すーなかさんと奥さんの関係性。給料日に奥さんと給料明細を見せ合って給料が多かったほうがその月えらそうにしていいっていうルールにしてるっていうのを聞いて、ステキな夫婦だなと思った。

山添　いいですよね。負けても次は絶対稼いだる！って、男のモチベーションも上がりますし。やっぱり男の人はネチネチとネガティブなこと言われるのが好きじゃないから、ポジティブに盛り上げてくれる女性のほうが好感持てます。

ほんまた？ ほ、ほんまに？？

ケイ　私、男の人と考え方が違っても大体は納得してるつもりなんだけど、まったく理解できないところが2つあるのよ。1つは彼女が大変なときに「大丈夫？」って連絡をくれないところ。大き目の地震があったとき、私はバイト中で「今、彼氏大丈夫かな」って心配になったのよ。

> いまだに根に持っています。

連絡を待ってたんだけど来なかったから、私から「大丈夫だった?」って送ったら「全然大丈夫だったよ。大丈夫だった?」って返ってきて、なぜ先に彼女の安否を確認しないのかなって不思議に思ったんだよね。怖い思いをしたときも連絡したら、ただ「あ、そうなんだ。戸締り、気をつけてね」とだけ言われてびっくりしたっていうか、思いやりがないなと思った。

山添　ケイさんとしては「大丈夫?」って、真っ先に心配してほしかったんや。

ケイ　「そんな怖い思いをしたんなら、今から泊まりに行くよ」って飛んで来てくれると思ったのに、全然そうは言ってくれなかった。男の人ってそういう気遣いが足りないところがあるよね。旅行するときも、男の人ってなんにもしないじゃない? 私、調べるのが好きだから「こことここだったらどっちがいい?」って何択かにして送るのよ。旅館で2食するならここだけど、ご飯をつけないで近くで食べるならここことか、いくつか候補を送って予約するのね。

> 男の人ってあんまり心配症じゃないよね。

> うーんっぺ

山添　それ嬉しいですよ、彼氏は。

ケイ　でしょ? 自分が好きでやってるんだけど、ふと"あなたも少しは何かしてよ"って思っちゃって。

山添　ははは!「旅館予約してくれるなら、レンタカーは俺がやっとくわ」とか?

ケイ　そうそう。結婚式の準備でケンカになるのも、こういうところからだよね。自発的にやってるんだけど、途中で

「あれ？ 楽しみにしてるのって私だけ？」って思っちゃって、"なんで私ばっかり"っていう気持ちにっていう。

> 穏やかな言い方してるけど実際はたぶんブチギレてる。

山添　どっちの気持ちもすごくわかります。けど、意見ははっきり分かれると思います。ケイさんは気遣いがすごくある。めちゃくちゃ優しいし、周りから感謝されることもたくさんあるんですけど、相手に同じくらいの気遣いを相手に求めてしまうのは良くないと思うんですよね。あんまり気遣いができひん人からすると、同じくらい気ぃ遣わんでええ人のほうがむしろ楽だったりするんです。特に、男は大体そうかもしれません。

ケイ　それは理解してる。だって、ありがたいなとは思ってくれてるんでしょ？

山添　思ってます。ただ、相手が好きでしてると高をくくってるから、怒られたときに逆ギレしてまうところがあるんですよね、男って。

ケイ　申し訳ないっていう気持ちがあるから、逆ギレしちゃうんだろうね。それもわかる。だから、何かしらの責任を相手に押しつけちゃえばいいんだって思ったんだよね。たとえば、「私、旅館予約しとくから、レンタカーお願い」とか。そうすることで、相手が私に抱く申し訳ないっていう感情を少しは消せるのかなって。

> ヨッ！ イイネ‼

山添　あぁ、それはアリですね。今までの話を聞くと、男って、目の前のことを最優先する思考があるんですよね。でも女

恋愛迷路は気づかないと抜けられない

の人は遠く離れていようが大事な人を最優先する思考や
から、心配してくれなかったっていうことに関しては、その
違いによって生まれたすれ違いがなって思いますけどね。

ケイ　ただ、私は地震のときはマジで遅い！ってムカついた。
けど、男の人はそういうもんだって思うだけで許せること
も増えるっていうことは、ウジガチ子さんたちに知って
おいてもらいたいですね。

自分をいい女でいさせてくれる男性の条件

ケイ　私、気に入らないことがあるとネチネチと言うタイプ
だったんだけど、ネチネチと言わなかった彼氏が過去
に1人だけいたの。

山添　その人は何が違ったんですか？

ケイ　こちらがネチネチ言っちゃうような行動を、彼が一切し
なかった。だからその人と付き合っているときはイヤな
ことを言わないいい女でいられた。それから、自分をい
い女でいさせてくれる男の人が"いい男"なんだって気
づいたんだよね。

山添　今のケイさんを開花させてもうた人か。

ケイ　元々、素質があったんだろうけどね。距離感も絶妙な
バランスで保てていたし、お互い自由にやれる。さらに、
自分で**「今の私が好き」**って思わせてくれるような
人って最高じゃない？　そうやって、女の人はどこまで

> だから私も
> ちゃんとしよう、って
> 思えたし。⑰

いっても自分に返ってくる利点でしか、いい男を測れないのかもしれないけど。

山添　わぁ、そうなんや。初めて知った。

ケイ　だから、出会いのときに着飾り過ぎてもいいことって、あんまりないのかもね。第一印象を良くするためには必要かもしれないけど、偽ってる自分を見せるとどんどん追い詰められちゃうから、ほどほどにしたほうがいいんじゃないかな。あと、<mark>自分に選択肢を与えてくれるような男性を選ぶのも1つの方法</mark>だと思う。結婚するとしたら「専業主婦になってもいいし、働いてもいい。君のしたいようにすればいい」って言ってくれる男性も、女性にとってのいい男だよね。

山添　……（不満げな表情を浮かべる）。

ケイ　ねぇ、イヤな顔しないでもらっていい？

山添　あ、つい本音が表情に……すみません！

> 男の人はここで本閉じそうやな…。(山)

SUMMARY

★いい男もいい女も所詮は主観
★男性は視覚で惹かれ、女性は視覚+精神で惹かれる
★依存性の低い女性のほうが好まれる
★いつの時代も思いやりが大事
★男性に共感を求める話をしても響かないことを心得る
★案外、女性は自己中心的な会話や相談をしがち
★気遣いをしても、同じだけの気遣いは返ってこない
★偽った自分を見せ過ぎないほうが吉

COLUMN 2

僕、情緒不安定な女の子と付き合ったことがあります

by 山添 寛

　付き合った中でいちばん強烈やったんは、芸歴1〜2年目の頃に付き合ってた情緒不安定な彼女。僕とお付き合いする前に同棲していた彼氏に浮気されたショックで、精神的に参ってまして。その事実を、僕との同棲初日に告白してきたんです。僕としては初めての同棲やったんで、"なんで初日に言うねん"って思ったのを憶えています。そこから半年経った頃、彼女の束縛がどんどん激しくなってきて、男友達とその彼女の3人で一緒にごはんに行っただけでも嫉妬されるようになった。それがしんどくて、別れを切り出したら怒り爆発。手に負えなくて、彼女のお母さんまで来ることになったんです。

　でも、相手の怒りは一向に収まらず「別れようって? そんなのノーだよ!」って暴れ狂われたんですけど、僕とお母さんで冷静に家財の始末の話し合いを始めて。なだめるように、彼女に「欲しいものあったらもらってくれたらいいし、いらんってなったら処分するなり、僕がもらうなりするから」って声をかけたら、「うーん……。テレビ……」ってポツリ。そこからスムーズに話が進んで、無事お別れすることができました。

[必勝法その3]

勇気を出して
自分の殻を破っていこう

第3章

ウジガチ子さんの恋愛攻略法とは？

ケイ　世の中のハウツー本は、ある程度モテる女の人がモテる人向けに書いたものだということは、第1章でも説明しました。その中にももちろんヒントはあるけど、ウジガチ子さんはアレンジする必要があります。自分はモテない、**ちょうどいい美人ではないってことを認めた上でどう戦うかを考えなきゃいけないの。**

山添　そこまでせんとダメなんですか～。

ケイ　現実を知らないと、前には進めないからね。まずは行動範囲を現状の半径2メートルくらいから広げるべき。合コンに行くのもアリだと思う。けど、ああいう会って楽しかったためしがないよね。

山添　芸人の合コンは一種の団体芸ですけど、一般の方は出会いの場、そこで出会った人の知り合いや友人にまで輪を広げるための連絡先交換の場っていう目的もあるのかもしれないですね。

〔1つのパターンにはねる〕

ケイ　でも、婚活パーティと一緒で、結局この手のヤツはちょうどいい美人がいちばんモテるの。この本を読んでくれている人の中に美人があんまりいないっていう前提で話すと、ウジガチ子さんに短期決戦は無理！ 仲良くなっていちばんの理解者になるとか、一緒にいて楽しいっていうポジションを確立してから攻めるしか成功は

〔でも手はあるわ！〕

> 本当に男は顔でしか判断しないんだから（恋）

ないの。みなさんが思っている以上に、**世の中の男性は顔で選んでる**んだから。

山添　否定はしません！

ケイ　だから、最初から一途になり過ぎないほうがいいと思う。"めっちゃ好き！"って思っちゃうと、なんとかしようとガチガチになっちゃうでしょ？　そこで、"あぁ、こんな人と付き合えたらいいな"くらいの気持ちでいると、ゆとりを持って接することができる。ゆっくり時間をかけて恋に発展できればいいな、くらいの気持ちでいくしかないと思うんだよね。たとえば「かっこいいですよね」って話しかけるより、ちょっと喋っておいて**「かっこいいけど、フフフ（笑）　なんかなぁ（笑）」**って言ったほうが仲良くなれそうじゃない。

> 「ホメ上手がモテる」は美人向けのHOW TO！

山添　男のほうも「何、その言い方！」って、笑い話にしてツッコめるし。

ケイ　「かっこいい」だけ言われても「ありがとう」とか「そんなことないです」以外、返しようがない。好意や興味があれば、ちょっといじったり、軽口たたいたとしてもひどい言葉にならないし、会話がはずむと思う。

山添　たしかに。リアクションのあと、会話につながるプラスアルファがありますよね。

ケイ　そうそう。そうやって、引き気味にアプローチする。いちばん人気の男性とかクラスの人気者、学校でもっとも目立つ集団……そういう倍率の高いところに飛び込む

とき、容姿で勝負できないならば違う部分で勝負するべき！ ここまで読んでくれたウジガチ子さんは目が覚めてると信じて言うけど、イケメンが目立たない女の子を見初めてくれるわけないよね？ ただ柱の陰で見守っていても何も生まれない。向こうから「君、メガネをはずしたほうがかわいいね」なんて言ってくれないんだから、積極的に接点を持つしかないよね。

（私、メガネしてる方がマシだしね……。⑦）

山添　女の人が思う"さりげないアプローチ"って、男は気づかんもんやからなぁ。

ケイ　興味のある女性からのアプローチだったら気づくはず。けど、遠巻きに見ているだけの興味のない女の人のことなんて、視野にすら入ってないんだから気づかない。意中の男性の注目を集めたいなら、積極的にいかなきゃ。大事なのは、あくまで自分ができる範囲で美人と差をつけること。やりたくもない面倒くさいことを率先してやるキャラ設定にしちゃうとあとあと大変だったりするから、ウジガチ子さんでもできるアピール方法をお教えしたいと思います。

ハッキリさせよう、大皿取り分け問題

ケイ　女性の気遣い的な話題で必ず出るのが、飲み会などでの大皿料理の取り分け問題。私はその場でいちばん上の立場にいる人が「各々やりましょう」って言うか、

「誰々さん取ってもらっていい?」って指名するかがいいと思うんだけどね。それ以外の立場の人たちが印象づけるためにできることは「各々やりましょう」って声をかけるか、「私、取り分けますね」の2択しかない。そう行動することによって周りからどう思われるかはわからないけど、<mark>少しでも印象づけたいのなら何もやらないっていう選択肢はないと思う。</mark>山添はどう? 取り分けられたら嬉しい?

とにかく、何もしないが一番ダメなりよ!!⑦

山添 僕は嬉しくないですねぇ。もちろんありがたいなとは思うんですけど。そういうシチュエーションになったら、「みんな、食べたいように。潔癖の人とかいいひん? じか箸でええよな? 好き勝手に取ろう」って言っちゃいます。

ケイ あ、そう。私は男性に取り分けてもらったら嬉しい。ありがたいなっていう気持ちももちろんあるけど、**"取り分け問題、これでクリア!"** っていう気持ちがいちばん大きいかな。

そんなに考えとるんすね。㉃

山添 食事の場って、ほかにも気を遣う場面がありますよね。それこそ、最後の1個問題とか。ああいうのも、気さくな人が1人いると助かる。「新しいの来たから、誰かこれ食べてくれる? 君、好きやんな?」とかでいい。

ケイ **「俺、食べてもいいですか?」って食べる男の人、いいなぁって思うしね。**

山添 そもそもねぇ、<mark>取り分け問題って男にとっては女の人が思っている以上にどうでもいいことなんですよ。</mark>

ケイ　まぁ、やってもらって当たり前だと思っている人も中にはいるんだろうけど、これはどちらかというと女同士の問題だよね。

山添　率先して取り分ける女の子がおると、**"あの子、ポイント稼いだな"**とか思うってことでしょ？

ケイ　合コンとか出会いの場だったら、女の人たちはみんな、内心そう思ってるでしょうね。

山添　けど、取り分けてくれたからといって好意にはならないと言い切れます。

ケイ　あの子、気が利くなぁとか思わない？

山添　この問題が世の中で大きく取り上げられ過ぎてるから、たとえ取り分けてもらっても、男の人はなんとも思わないんじゃないですかね。会話のきっかけくらいにはなるかもしれないですけど、やらなくてもなんとも思わへんやろうから、やりたい人がやる。もしくは「各々取りましょう」って声をかければええんちゃうかな？　もしかしたら、この辺は率先して男の人が気遣うべきことなのかもしれないですけどね。

（そうしてくれたら助かる〜！！）

（気づいたら取り分ける、こういうシンプルなんが僕は一番萌えられます。山）

運命の人？　そんなものはない!

ケイ　女の人って運命とか好きじゃない？　けど、**運命の人なんてぜっ〜〜〜〜っったいにいない!**　いるとしたら世界中、旅して見つけないといけないじゃない。

自分の小さな小さなコミュニティの中にたまたま運命の人がいるなんてありえないでしょ?

山添　そうですねぇ。けど、ちょっとくらい信じてもいいんじゃないですか?

ケイ　**いや、いない!!** 運命だと思ってるほとんどは、なるようにしてなったくらいのこと。ポジティブな発想として運命を感じてるならいいけど、1人の男性に固執するための運命論は意味ないんじゃないかな。私も"この人とずっと一緒にいたい"とか、"この人しかいない"とか思ったことはある。けど、その人＝運命と思ったことは一度もない。しかも、想像する運命の人って大体イケメンでしょ? 街中を歩いていて、すれ違った男性がステキで、いいなと思って振り返ったら相手も振り返って自分を見てるとか、吸い寄せられるように付き合うことになるとか、美男美女じゃないと成立しない話。大体、**あなたはそのレベルですか?** ってことじゃない? この人しかいない、なぜなら運動の人だからって思うのならそれはいい。でも、片思いの相手を運命の人と思っている人には、「運命の人が片思いの相手でいいんですか?」と言いたい。

山添　あの人しかいないって思い込むことを、運命と勘違いしちゃいけないってことなんですね。

ケイ　そうそう。相手が好意を持ってくれない、一生振り向いてくれないことが運命なんて、そんなのつまんないじゃ

> 絶対にいません。㋐
> ギアが上がる音がしました。㊁

恋愛迷路は気づかないと抜けられない

ない。片思いの相手が運命の人なんて、そんな人生は辛過ぎる！ もし劇的なロマンスが欲しいなら、それこそ行動しないと。海外でも国内でもいいから旅に出て、街中でハンカチを落として「これ、落としましたよ」って拾ってくれるステキな異性を探したほうがいいよね。出会いも広がるし。

山添　旅先なら、ハンカチを拾った男性も運命を感じられそうですね。

ケイ　そうやって、自分から運命を仕掛けていくのはいいよね。たとえば、東京に住んでると県人会ってけっこうあるじゃない？ そういうのに行ってみてもいいと思う。出身地とか知り合いで共通点を見つけて、自分から運命を手繰り寄せればいいよね。ウジガチ子さんの中には占いが好きな人も多いと思うけど、あれもポジティブに利用するならアリだと思う。

山添　ケイさんも占い好きですよね？ 占い師の人に出会うと、「見てほしい」って絶対言ってるじゃないですか。

ケイ　見てもらえるなら見てもらいたいし、その場では「へぇ」とか「わぁ」とか思うけど、アドバイスを取り入れたことは一度もないかも（笑）。好きだし、面白くて興味深いけど、心理テストくらいに思ってる。女の人の中に「占いで行動するなんて……」って思う人もいるだろうけど、占いでも何もしないよりはいいんじゃないかな。「秋に恋愛します」って言われて、恋のアンテナの感度を鋭く

するのっていいことじゃない？

何でも前向きに利用するのが吉！

山添　たしかに、意識はしてますもんね。もしかしたら、外に積極的に出かけるようになるかもしれへんし。

ケイ　そうそう。占い師さんは必ず行動することに対してアドバイスをくれるはずだから、行動を起こすきっかけとして利用するのはいいと思う。けど、行き過ぎるのは良くない。占いをめちゃくちゃ好きな女の人を好きな男の人はいないだろうからね。

山添　そうやなぁ。言いくるめられやすい感じの子なんかなとか詐欺に遭いやすそうやなとか、心配がよぎる気がする。特に「めっちゃ当たる先生がいるから、一緒に占い行こう」とか言われるのは、イヤですね。僕、あんまり関係のない人をすぐ尊敬して、先生と呼ぶような子は苦手ですし。

ケイ　あくまで信じ過ぎず、行動するきっかけとして利用してもらいたいよね。

1人に絞らず、ゆとりを持ってアピールすべし！

ケイ　山添が初対面の女の人で気になるのは、どういうポイントなの？

山添　上下関係があるような会やったら、いちばん後輩を気遣っているところを見ると、"この子、いい子やなぁ。**立場によって態度を変えへん**ねんなぁ"って思い

> 女子！
> 意外と見られてるぞ！！

ますね。けっこう、女の人って意中の男性以外への意識が抜け落ちがちじゃないですか。やけど、男がいちばん目を配ってるのは、自分の友達や仲間に対してどう接しているかっていうところ。たとえば、合コンで自分が幹事やったり、いちばん先輩やったりする場合、気にかけてる後輩——こういう場が初めての男やコミュニケーションが苦手な男——をすごく気にするんです。"あいつ楽しんでるかな"ってずっと気になって目で追いかけてるから、そいつにフレンドリーに接してくれる女の人には"あの子、めっちゃええ子やな"って好意を持ちます。

ケイ　なるほどね。そういうところ、気にしてない女の人はたしかに多そう。

山添　1回、先輩の芸人さんに連れていってもらったコンパで、女の子と大ゲンカしたことがあるんですよ。

ケイ　ヤバい（笑）。なんで？

山添　後輩が好意を寄せてた女の人が、そいつに対して態度が悪くて。というか、盛り上がってる売れてる先輩グループの人たちにはええ顔してるのに、その後輩が話しかけても適当な返しをし続けてたんで、周りには聞こえへんくらいの声で「え、今のなんなん？ ヤバかったよね？」ってその子に話しかけたんです。

ケイ　うそ! 相手はなんて？

山添　元々、僕のことも眼中に入ってへん感じやったから、その女の子は「はぁ？」って。周りが変な空気に気づいて

もうたから巻き込まんようにしようとしたら、その女の人が「私がヤバいヤツだみたいなことを、この人が言ってくるんですよぉ」って言い出して。それなら、「じゃあ、聞いてもらっていいですか?」って僕が見たことを全部、話したんです。案の定、良く見せようアピールがキツめの子で、周りもその態度に気づいてたみたいで僕の実況がえらいウケてもうて、結局その子、泣いてもうたんです。けど、**「それ、泣くのはおかしいで?」**ってトドメを刺しました。

ケイ　その女の子もヤバいけど、山添もだいぶヤバい（笑）。

山添　その1回くらいですけどね。一生懸命な後輩が無下にされてるのが許せなかったんです。

後で先輩には、めちゃくちゃ謝りました…。

ケイ　私が山添の立場だったら、あとで誘ってくれた先輩芸人に報告するかな。「あそこの女、マジでヤバいです」って。

どうも。陰で、チクるタイプの女です。

山添　たしかに。大人としてそっちの対応のほうが良かったかもしれないですね。意外と、人によって態度を変える女の子のこと、男はけっこう気づいてますよ。気づいていてそれを良しとするのか、面白がるのか、イヤがるのかっていうことなんやと思います。

ケイ　なるほどなぁ。女の人は自分主体で物事を考えがちだから、自分の気持ちを知ってほしいと思ってあれやこれやアピールする傾向が強くなっちゃう。それ以外の人との振る舞いも見られているのは知っておかないとだね。

身の程に合った男性を落としたいんだったらガンガンいってもいいと思うけど、人気のある男性を落とすなら引き算が絶対に必要だから。そもそも自分より顔面のレベルが高い人を落とすって、基本的に無理なんだけどね。

山添　ケイさんの理論でいうと、ちょうどいいイケメンとちょうどいいブスは相性悪いですしね。

ケイ　そう。たとえば、会社とかグループで人気ナンバーワンの男性から好かれるリアルな確率って、5％くらいだと思う。**え、5％もあるの？ って期待しないでほしい。**思ってる以上に大変なことだから。

山添　第1章でも話したように、婚活パーティの取り巻き3周目で見てるだけやったら、男は気づかない。最低でも1周目にはおってアピールせんとってことですもんね。

ケイ　行動に起こせないウジガチ子さんって、自分の中で純愛を貫いてるような気持ちで勝手に盛り上がっちゃってるから、「私、実は3年間、同じ人に片思いしていて」とか平気で言うんだよね。実は恥ずかしいことなのに。10代だったらそれでもいいけどさ、20歳を超えてるのに行動も起こさずにずっと見てるだけなんて、はっきり言って無意味。なぜなら、その3年間相手があなたのことを考えている時間は1秒だってないんだから。

山添　うわ、キビシイ……。

ケイ　これが現実です。かっこいい人を好きになるなとは言

わないけど、一途にならないでほしい。「あの人もいいけど、彼もいいなぁ」くらい、ゆとりある気持ちでアピールするならいいけどね。

山添　1本釣りはダメなんですね。一気に10本くらい釣り糸を垂らしといて、かかった魚を釣り上げるくらいの気楽さを持っといたほうがええと。

ケイ　そうそう。別の人が引っかかってもすぐにリリースしないでほしい。仲良くしとけば、もしその人と本命の彼が仲良かったら「あの子、めっちゃいい子なんだよ」っていう情報を流してくれるかもしれないじゃない?

山添　そこから、異性として意識してもらえるようになるかもしれないですもんね。ただ、もし理想のタイプじゃないとイヤなんやったら、1つのパーティで1人しか狙わないとか、1本釣りの数を増やすしかないですよね。

ケイ　<mark>本気で落としたいと思ってるなら、行動力に基づいた長期戦と引き算が大切</mark>なんです。憶測だけど、性格だって私たちより美人って呼ばれる女性たちのほうがいいんですよ。

山添　え、どこまで卑屈なん!?（笑）

ケイ　一般に女の子同士で楽しいっていう関係性が成り立つのは、悪口を言えたり、恋愛の妄想話をしたりできるからじゃない? ただ、いわゆる美人って呼ばれる人たちって、そんな話をしてるのかなって思うわけ。コスメとか体を鍛えることとかについていつも楽しく話している

> 笑ヤなぁ。

> 私たちはね。
> 美人はいいのよ。

としたら、私たちレベルの女と美人の楽しさってそもそも違うと思うんだよね。で、男の人は悪口を言ったり、妄想したりする女の子のことを面白がってはくれるかもしれないけど、恋愛対象としては考えにくいじゃない？

山添　うーん、そうやなぁ。

ケイ　ならば、美人以外は男性と"彼女にしたいとは思わないけど、飲みに行くなら楽しそうだな"って思わせるような関係性をまず築く。で、友達になる。

山添　それが、理想の男性と付き合うステップ1やということですね？　で、本心を全部さらけ出せる友達のポジションにいくと。

ケイ　そう。たとえば、「〇〇くん、かっこいいし、悪口とか言わないけど、嫌いな人っていないの？」って聞くとするじゃない。「いやぁ、いないよ」って言われても**「なんだ、つまんない！」**とかツッコミを入れながら悩みを聞き出すことができれば、いちばん仲がいい友達のポジションにはいける確率が上がるよね。そこから奇跡が……ものすごく少ない確率で起こったとしても、セフレ止まりだとは思うけど。

山添　え、間に入るの、セフレなん！？

ケイ　1回、関係を持つくらいだろうから、セフレにもなれないレベルかもしれない。で、「やっぱりお前とは友達に戻りたい」って言われるという顛末かな。

山添　ほんまに付き合える確率は？

悪口をやめる方の案は無さそうです…。

ケイ　**せいぜい1%くらい**なんじゃないかな。

山添　4%も下がった! 長期スパンで挑んでそれだけかぁ。

ケイ　ただ、超絶に人気のある人だったら、信頼の置ける関係性から彼女になれる確率は上がるかもしれない。何よりイケメンの友達がいるって女の子にとってはそもそもプラスなんだから、前のめりにならず、自分を磨くために使ってやろうくらいの気持ちでいれば、傷つかなくて済むでしょ。そのイケメンがイケメンの友達を紹介してくれるかもしれないし、まずは男友達をつくることから始めてほしいですね。

> だから イケメンは ムリなんだって!!
>
> 恋愛対象にする男の顔面理想を下げましょう。

苦手な男性とのお喋りはまず慣れる努力を

ケイ　男性と喋るのが苦手だっていうウジガチ子さんは多いんじゃないかなと思う。男兄弟がいなかったり、学生時代に男子と積極的に話したりするタイプじゃなかったならなおさら。だからこそ、<mark>男性と話すことに慣れる機会をまずつくってほしい。</mark>私はちょうどいいブスって言われるようになってから、男性に「モテるのがわかります」ってよく声をかけられるようになったの。そうなれたのって、周りに男性が多くて、その人たちと話すようになったことが影響していると思うんだよね。

山添　芸人はほとんどが男の人ですもんね。

ケイ　そう。普通に学校に行ってたり働いてたりする女の人

第3章 [必勝法その3] 勇気を出して自分の殻を破っていこう

より、男の人と喋る機会が圧倒的に多い仕事に就いたことによって、男の人と喋らずには過ごせない環境に置かれたっていうのがよかった。山添の喋り方が変わったのは私と密に接するようになったからだし、私が人の話を最後まで聞けるようになったのは山添の話を近くで聞いていたから。男性に慣れることによって、良さを理解できたのは大きかったよね。**環境ってものすご〜く大事**なの。　男と話すこと、最速の必要性わかった？ (ケ)

山添　ケイさん、前は男の人をめちゃくちゃ異性として意識し過ぎてましたけど、変わりましたよね。

ケイ　芸人の後輩とか同期だとしても、男の人と2人きりで飲みに行くことはありえなかった。「同期……いや、でも男の人だしなぁ」とか思ってたし、一般的な男女が2人きりで飲みに行くのは恋愛感情があるからだって、固定観念として思い込んでたんだよね。前に女同士でコンビを組んでいたときは決まった男の芸人さんとしか喋らなかったけど、山添とコンビを組んだことによって自然と男の芸人さんと話す機会が増えて、私は変われたんだよね。

「自然と私も輪の中に入る様にしろ」って言われた事あったなぁ。(山)

山添　なるほど、なるほど。相方が男やから、必然的にそういう状況になったというわけや。

ケイ　そうそう。山添ですら、最初は異性だ！っていう気持ちが強く出過ぎちゃって、うまく接することができなかった。なんとも思ってないのに、取材とか受けてるときに

ちょっと腕が触れるだけで変に意識することもあったけど、今は本当になーんとも思わなくなったからね。

山添　慣れって大事ですね（笑）。

ケイ　ウジガチ子さんも、男の人に慣れるところから始めてほしい。とはいえ、明日から急に異性と喋れって言われてもできないだろうから、まず<mark>男性が多そうなところへ行って喋る機会をまず増やしてみてほしい</mark>なと思います。

山添　たとえば？

ケイ　婚活パーティとか合コンだと緊張するなら、1人で飲み屋やバーに行ってみるとかいいんじゃないかなと。個人で経営してるようなお店だと常連さん同士でボウリング大会とかやってたりするから、自分の参加しやすいスポットを見つけて勇気を出してお店に入ってみるのがいちばんの近道だと思う。もしスポーツが得意だったら、バスケットボールとかフットサルとかのサークルに参加してみるのも1つの手だよね。

> 1人で飲みに行って彼氏ができたん。3人知ってる！⑦

山添　一緒にプレーしたら、すぐ打ち解けられますねぇ。ただ、プレーするときにプロチームのイケメン選手のユニフォームとか着てると、"あぁ、男前が好きなんやな"と思って誘いにくくなるから、なるべく<mark>渋めの選手のユニフォームを着て参加したほうがええ</mark>と思います。

ケイ　私は爆笑問題さんが大好きで、ラジオ番組『JUNK爆笑問題カーボーイ』のリスナーだから、街中で「僕もそうなんです」って声かけられたとき、すごく嬉しかった。

『爆笑問題カーボーイ』のリスナー限定婚活パーティとかあったらすごく行きたいなって思うんだけど。

山添　男の人と共有できそうな趣味があると、コミュニケーションを取りやすい環境がつくれますよね。

ケイ　ピンポイントで好きなところが合うと、すごく嬉しいでしょ。たとえば、サッカーだったら地元のチームを応援している人たちのコミュニティに入っていくほうが喋りやすい気がするな。釣りに行くとかでもいいと思う。その趣味自体を楽しむことを目的に、男女関係なくステキな人と出会えたらいいなぁくらいの感じで参加すれば、どんな人とでも楽しく喋れるじゃない？　で、そこから特に仲良くなりたいって思う人ができれば、自分から「こんにちは」って挨拶してさらにコミュニケーションを深めていけばいいんじゃないかな。

山添　釣りやってる女の人、すごくいいかもしれないです！

ケイ　最近は女の人も多いって聞くけど、女ばっかりってわけじゃないだろうからいろんな出会いはありそうだよね。そういう小さいコミュニティの中で、この人いいなって思ってもらうのは絶対にアリ。芸人さんと飲んでるときって男の人が多いから、私を女性として見ているわけじゃなくても、話の流れで「ケイちゃん、この中だったら誰がいい？」みたいなことを聞かれるでしょ。

山添　あぁ、はいはい。そういう展開ありますよね。

ケイ　で、たとえば「〇〇さんですかねぇ」って答えたら、ほか

の人たちは私にまったく興味がなくても「あぁ、全然わかってない。〇〇より俺のほうが絶対付き合ったら楽しいのに!」みたいなことを口々に言って、口説く手前みたいな雰囲気になる。その場に1人か2人しか女性がいなければ、そういう状況ってつくりやすいと思うんだよね。そうやって、**ちやほやされる感覚を味わうのも大事**じゃない?

(手書き: 小さいコミュニティに属するのがPoint!)
(手書き: このシチュエーションよく見る…○)

山添　そうやって、"私なんて……"っていう卑屈な部分をなくすということですね。

ケイ　そうそう。釣りに行くのがハードルが高いっていうなら、ボルダリングでもいいと思う。要するに、異性と交流できそうな趣味を見つけるってことが大事なんだよね。個人的にいいんじゃないかなと思うのは、女の子のいるスナックにお客さんとして1人で行くこと。私が昔、アルバイトしてたっていうのもあるけど、すごくいいよ。

山添　女の子1人でスナック行くなんて、だいぶ勇気がいりそうですけど。

(手書き: 1人でくる女の子結構いたよ!友達と行くのも⑥。)

ケイ　やっぱり年配の男性が多いんだけど、「女の子1人なんて珍しいね」って話しかけてもらえるし、お店で働いている女の子とも話せるし、カラオケ歌っちゃってもいいから、間が持つと思うんだよね。常連になるとお店の人とボウリング、バーベキューとかの交流が大抵あるからおすすめですよ。とにかく知らない人と喋ることにオロオロしちゃうような女の子が、いきなり好きな異

性の前でちゃんと喋れるはずがないんだから、うまく喋るためのトレーニングだと思って積極的にいろんな人との会話を楽しんでほしいよね。

山添　地方の人はどうかわからないですけど、東京ってキャッチとか勧誘が多いから、街中を歩いている女の人たちは警戒心の強い顔してはるじゃないですか。けど、誰かと出会いたいならちょっとだけ心をオープンにする必要もある気はしますね。

ケイ　イヤな出会いもあるかもしれないから、そのあたりは信頼の置ける場で挑戦してもらいたいけど、心を開くことは大事だよね。あと、前にも言ったように、いちばん好きなのはこの人だけど、2番目だったらあの人がいいなっていうくらいの心の余裕を必ず持つこと。ウジガチ子さんに必要なのは、自分の心のコントロール。だって、少女漫画のような展開にはならないんだから！ そうなる可能性はほぼないってことを認めた上で、いろんな出会いを楽しめるようになれば人は変われます！

山添　経験は積めば積むほどいいと。

ケイ　ここまでたどり着いた人の中でもし3年以上、片思いをしてる女の人がいるなら、スッパリ諦めるか告白して次に行くか、この場でどちらかを選択してほしい。今までの恋愛は終わりにして、新しい出会いを探しに出かけてほしいな。

山添　ケイさん、最初の頃は男性芸人さんと初めて話すとき、

> 気楽に。
> そして積極的に!!

1回、僕と話させてから会話に入ってきてましたよね。

ケイ　ほかの事務所の芸人さんと話すときは今でも使ってるよね、その方法（笑）。それ、ウジガチ子さんたちも使えるよね？　男の人と喋ることに慣れて男友達ができたら、山添みたいな**カマシ系男子**を間に入れて話してください。好みの異性との距離を近づけられるから、おすすめ。ぜひ実践してくださいね。

山添　え、俺ってカマシ系男子なん……（笑）。

> そんなジャンル聞いたことないわ。

大事なのは心に響くオリジナルなアピール

ケイ　この前、フィギュアスケートを観ていて、ふと思ったことがあったんだよね。構成やその人の素質がそれぞれ違うから、それぞれが完璧な演技を見せたとしても点数で差がついちゃうじゃない？　それって、私たちにも当てはまってるなって。

山添　え、どういうこと？

ケイ　プログラム構成上、<mark>ちょうどいいブスが満点を出しても、所詮美人には勝てないんだな</mark>って思ったっていうこと。フィギュアだって4回転回れる人と回れない人って絶対いるわけで、たとえるならちょうどいいブスなんて1回転くらいしか回れないわけじゃない。逆にいうと、その1回転をパーフェクトに決めて点数を稼ぐしかないわけで。

山添 あとは、**点数とは関係のないイナバウアー**みたいな印象に残るものをねじこんでいくしかないと。

ケイ 山添、いいこと言った! 加点はされないけど、人の心に**深く刻まれるようなオリジナリティ**を入れるしかないんだよね。もしかしたら"私、3回転くらい軽々と跳べるわよ"って思ってる女の子もいるかもしれないけど、失敗するリスクを背負うくらいだったら完璧にクリアできるプログラムを取ったほうが良くない? って言いたい。実際、3回転を跳べる人って限られてるし、できもしないことをやって怪我するより構成をもう一度見直して挑んだほうが成功に近づける可能性は高くなるからね。

山添 まずはできるところから始めてみると。

ケイ 自分がどれくらいできるのかを見つめ直したほうがいいの。これ、みなさんに心から幸せになってほしいから、何度も言います! 1章を思い出して! ただ1回転を跳んでも、ステキな誘いは残念ながら来ないよね? なぜなら、3回転を跳ぶ人のほうがやっぱりすごいから。「1回転しかできないけど、"君には才能がある"」ってスカウトが声をかけてくれることは、まずないわけじゃない?

山添 しかもアピールしなければ、なおさら声はかけられない。

ケイ そう。そのくせ、3回転を成功させている人に対して「あの子、跳べてるけど演技に色気がないよね」とか「私のほうが表現力あるよね」とか陰で文句を言っちゃう。**誰が誰に言ってんだ、**って話でしょ? その状況を、

（めずらしく!!）

（ぎゅう イナバウアーを入れるじゃない。点数にはならないけど。）

（昔の鈴に言ってる?）

ウジガチ子さんはつくっちゃってるんです。

山添　ひがんでいてもしゃあない。やったら、自分ができることを見つけたほうが早いですよね。

ケイ　そうなの！ そういう意味でも、山添のさっきの<u>イナバウアー</u>発言、すごく良かった。

山添　ありがとうございます（笑）。身の丈に合ってないチャレンジは、いちばん成功から離れてしまうってことが、良くわかりました。

（欄外手書き）
好きじゃない人のゲロを処理したり
泥酔した、好きじゃない人をおぶったりするのが
イナバウアーです。

元彼の幻想は今すぐ断ち切って！

ケイ　私たちコンビは良く恋愛相談を受けるけど、元彼が忘れられないっていう悩みってすっごく多いよね？

山添　はい、多いですねぇ。

ケイ　みなさん、==立ち止まってウジウジと悩んでいるだけの日々は、今日限りやめましょう==。たとえば、何かしらのコンプレックスを抱えていて、それが原因でもう1回、元彼にフラれるのが怖いから告白できない女の子がいるとするじゃない？ そのコンプレックスが太っているとかだったら半年かけてダイエットすればいいし、キレイになりたいなら自分に似合うファッションやメイクを見つける努力をすればいい。ただ、それだけなの。難しいことは何1つない。

山添　ダイエットしたことやキレイになろうとしたことは、その

先の自分にも繋がりますしね。

ケイ　そうそう。なのにただただ何もせず、相手に自分の気持ちを気づいてもらえない……って嘆く。**気づくわけがないでしょ、それは!** 片思いの相手に、明日「好きです」って伝えるのが無理だっていう人は**「3ヶ月後のこの日に絶対告白する」**って決めるの。日を決めれば、その日まで自分を磨く努力ができる。もしその日までに自分の気持ちを伝えられなかったのなら、あなたにとってそこまでの気持ち。現実を受け止めて、スッパリと思いを捨ててしまえばいいんです。

山添　合コンでも「元彼が忘れられないんです」ってわざわざ言う女の人、いますもんね。

ケイ　本当!? それは、さすがにヤバいけどね。

山添　ねぇ? 誰かに言うことによって、元彼がその気持ちに気づいてくれると思うてんのかな? 男性側は「なんで来てんの?」ってシラケるだけ。まったく心のこもってない「そうなんやぁ」っていう相槌を打つしかないんです。

ケイ　対象外のボックスに入れるだけだよね。それなら、「元彼が忘れられなかったけど、それじゃダメだと思って今日来ました」って言ったほうがいいのに。

山添　あ! それ、いいですね。男からするとワクワクします!

ケイ　「元彼が忘れられない」っていう言い方は、ザ・受け身。"私はこういう状況ですけど、男性のみなさん、飛び越えてきてください"って暗に伝えてるようなもの。元彼の

ことを忘れられない自分っていうものを盛り上げたいだけだから、マジでやめたほうがいいよね。そもそも"諦める"か"諦めない"かの2択しかないのに、"諦めきれない"っていう謎の3択目を用意しちゃうのがまったく意味がないし。

山添　ドラマなら、悲劇のヒロインの恋はちゃんと成就しますけどね。

ケイ　しかも、それは美人じゃないと成立しない脚本だから。それ以下は、自分で脚本を書くしかないんだけど、何より<u>登場人物が全員、普通以下のドラマなんて誰も観ないよね</u>。百歩譲って忘れられない彼氏がいるっていうのはわからなくもないけど、片思いに時間をかけるのはマジで意味がない。そういう場合、「どんなにほかの男性に言い寄られても、彼のことが好きなんです」っていう話はほとんどなくて、ただ単にほかの相手が見つけられないから片思いの相手に依存しているだけだから。ただ1つの思い……もっというと、<u>思い込みにしがみついているだけだってことに気づいてほしい！</u>

（手書き：もったいない！／自分に酔わないで！！現実を見るのよ！！）

受け身ではスタート地点にも立てない

ケイ　以前、「忘れられない男性が今、山梨に住んでいる」っていう相談があったの憶えてる？　私だったらどうするかなって考えたんだけど。

山添　どうしはるんですか?

ケイ　「久しぶりです。まだ山梨に住んでらっしゃいますか?」ってメールして、返事が来たら、「今度、山梨に行くんですけど、予定が合いそうだったらご飯でも一緒にどうですか?」って誘う。

山添　本当に山梨へ行く用事があって言ってるんですか?

ケイ　もちろん、ないに決まってるじゃない! 山添も、京都出身の地元の女友達から「今、東京にいるんだけど、どこかおいしい店教えて」ってメールをもらったら嬉しくない? もし私が東京を離れて山梨に住んでいたら、懐かしい知人と会える! って嬉しい気持ちになると思うんだけど。

山添　たしかに連絡もらっただけで嬉しいですね。

ケイ　でしょ? 相手にも喜んでもらえるようなかたちで、まず会う約束を取りつけるっていうのは1つの手段。そうやって、ただ盲目に突っ走るのではなく、どうすれば連絡が来るのか、どうすれば会えるのかを考えてアピールすると効果的ですよ。

山添　僕、恋愛相談を受けるたびに思ってたことがあったんです。「こういう状況です。どうしたらいいですか?」っていう恋愛相談ってすごく多いけど、「こういう状態です。こうしようと思ってるんですけど、どうですか?」っていう相談の仕方をしてくる人がほとんどおらんなって思っていて。

> 悩んでいること、相談してることにすら酔ってるのよね。

ケイ　その辺がザ・受け身の特徴だよね。

山添　「こうしたけど、あんまり反応が良くないです。どう思います?」とか自分で何か行動してからの悩み相談はアドバイスしやすいですけど、何も動いてないところからの悩みは、スタート地点にも立ってへんってこと。具体的な意思がないと、アドバイスのしようがないんですよね。

ケイ　相談にも、人柄って出るよね。

山添　はい。大きくてステキな目標だけはあるけど、何から手ぇつけたらええかわからんっていう人、多過ぎますよね。せめて0から1にする作業は、自分でせんと。

> なんか一丁前なこと言うてますけど、これからは"寄り添えるオトコ"になれる様、精神に参ります。⑪

ケイ　今すぐできることも、1つくらいあるはずだからね。若いときにそうなるのは仕方がないけど、大人になってからじゃあ、得るものも得られない。受け身を捨てて、傷つくことを恐れずに、自分をもっと積極的に変えていきましょう!

> まちがえたふりして メールする、とかでも良いんだから! ⑦

> それが"看板"というか自己紹介は もう済んでいる ⑦

> 恋愛迷路は気づかないと抜けられない

SUMMARY

★1人を狙い撃ちするのではなく、多くの人と接する
★大皿の取り分けは「各々やりましょう」と宣言しよう
★"運命の人"はいないと思ったほうがいい
★ピンポイントで狙わず、幅広い友達づくりを
★男性に慣れるには共有できる趣味があると近道
★ウジガチ子さんは短期戦ではなく長期戦になる覚悟を
★身の丈に合わないチャレンジは成功から離れがち
★自分の心の中で想っているだけでは、相手には伝わらない

COLUMN 3

女心がわかる オススメしたい 漫画

by 山﨑ケイ

　安野モヨコさんの漫画を昔から読んでるんですけど、『花とみつばち』はすごくおすすめ。主人公の小松は童貞でかっこつけがちな男の子で、GLAYを意識したヘアスタイルにしたり、メンズエステに通ったりしてモテようとするキャラクターなんです。その子が関わっていく女の子たちがすっごく面白い。ギャルだったり、美人で性格がいい子、性格が悪い子、あんまりカワイくないけど上から目線でくる子、カワイくないけど自信を持ってる子……いろんなキャラクターがいて、それぞれの気持ちが丁寧に描かれているんですよね。しかも、すごくリアルなので、女心を知りたい人は勉強になる。男性の心情も描かれているし、純粋に漫画としても読み応えがあります。

　もう1冊、どうしてもおすすめしたいのは、同じく安野モヨコさんの『働きマン』。私が好きなのは、友人の結婚式で喧嘩するシーン。既婚者と独身でぶつかり合うんですけど、ふとした気遣いからお互いを認める。その瞬間が私、めっちゃ好きです。独身女性の心情を知りたい男性、ぜひ読んでみてください。

[必勝法その4]

後ろは振り返らず、積極的に前に進んでいこう

第4章

1人行動が苦手な女たち

ケイ　女の人ってどうしても団体行動しがちじゃない。学生時代にはトイレに行くだけでも「一緒に行く人〜!」って声かけてたり。大人になってからも「1人だと、外でご飯食べられない」っていう人、けっこういるんだよね。出会いの場に行っても同性の知り合いはできたけど、男性とはほとんど喋らなかったっていう経験がある人も多いと思うんだけど。

山添　女心的に1人でいると思われるんがイヤやっていうこともあるやろうし、"女友達ができた"とか"女の子と打ち解けたから、まぁいっか。楽しかったし"って意中の人を見つけられなかった言い訳をつくりたいっていうところがあるんでしょうね。

> 女は言い訳が好き。㋕

ケイ　実際、私たちが婚活パーティのMCをやったとき、そういう感想を話している人いたもんね。けど、本音をいえば、それでいいわけがない。だって、いちばんの目的を果たせなかったわけだから。

> これ、男からしたら声かけにくいんよなー。㋐

山添　まぁ、合コンやったら女友達つくって終わり、でもいいですけどね。

ケイ　「今度、飲みに行きましょう」って誘って、それぞれの知り合いを集めて違う出会いの場をつくればいいもんね。だけど、それも時間がかかりそうなので、コミュニケーションが苦手且つ内弁慶のウジガチ子さんは初対面の仲良く

ない人とも軽快に話せるようにならなきゃいけないじゃない? だから、この章では1人行動をおすすめしていきたいと思います。もちろん、1人で行動していても何も行動しなかったり、1人で出かけたことに満足して誰とも喋らなかったりっていうのはダメだけどね。……といいつつ、実は私も1人行動ってすっごく苦手。ランチは1人でも平気だけど、わざわざ1人でランチする目的だけで外出することは100%ありえない。

山添　面倒くさいからですか? そして何よりも「あの人、1人で来てる…」と思われるのが 怖い…。

ケイ　というより、1人で頼んだものを待ってるときに何をしたらいいのかわからないんだよね。たとえば家で1人、お酒を飲むってなったらテレビを観ていればいいんだけどね。……そうそう、この間、1人で飲みに行ってみようかなと思ったことがあったの。大阪で早めに仕事が終わったじゃない?

山添　あぁ、はいはい。

ケイ　ただ、1人でお店に入れたとしても、人見知りだから隣にいる人に話しかけたりできないし、できることといえばスマホのドラマを観ながら飲むくらいかなぁと思って。

山添　外で飲みながらのそれは変やろ!

ケイ　でしょ? じゃあ、食べたいものを買ってホテルで飲めばいいかってことになって、結局出かけなかった。この心理って、基本的に人と接しようという積極的な気持ちがない証拠だよね。何か面白いことがあるかもしれな

いって外へ出て知らない人と絡んだり、飲んだりする芸人さんって多いけど、私にそういう意識は少ないんだなと思った。

山添　もったいない！ 知らん人に声かけんでも、このお店ええなぁとかおいしそうやから入ってみようくらいの感覚でええんちゃいます？

ケイ　いやぁ、周りが気になってそわそわしちゃうんだよね。ランチしてても、ちょっと列ができてると"早く食べなきゃ"って焦っちゃう。そうなるくらいなら時間を気にせず、家でカップラーメンを食べるほうが幸せだなって思うの。自意識過剰だっていうことは良くわかってるんだけど、早く食べないと店員さんとか並んでる人に"食べるの遅いな"って思われるんじゃないかとか変に気になっちゃって。

山添　ケイさんのこと、周りの人はそこまで気にしてませんって。考え過ぎですよ。

じゃあ逆に、周りの人―！ もうちょっと気にして―！ ㋐

ケイ　それもわかってるんだけど、やっぱりできなかった。だから、もし1人で外食するなら、スマホでドラマ観てるのがいいんじゃないかなと思ったんだけどね。

山添　お店で1人、イヤホン付けてスマホでドラマ観てるのって、だいぶ目立ちますけど？ そのほうが勇気ある行動やって、僕は思ってまいますけどね。

ケイ　調べはしたんだよ？ "大阪　女性　1人飲み"とかで。で、行けそうなお店はめっちゃあったんだけど、まぁ今度でいっかってなっちゃった。

一旦スマホ＋ドラマ無しで考えてみません？ ㋑

1人で行動できると世界は広がる

山添　ラーメン屋とか焼肉屋に1人で入られへんっていうのはなんとなくわかるけど、男の人は1人で来てる女の子がおったとしても悪いふうには見ない。むしろ**"1人で来てるの、かっこええな"**って、いい感じで捉えると思うんですよね。

ケイ　私のように1人で行動したいけどできない女の子って、まだまだ多いと思う。ただ、本当に出会いを求めたいのなら、最終的に1人で行動できるようにならないとダメだと思う。

山添　いい方法ありますか？

ケイ　<u>自分が1人で行動できない理由を、まず考える。</u>たとえば、私のように"あの子、1人で来てる"って思われるのがイヤだったら、自宅の近所にある気になるお店に友達と1回行ってお店の人に話しかけて、「近くに住んでるので、今度1人で来てもいいですか？」って言えばいいんじゃないかな。ランチの時間に行ってみてもいいだろうし、夜しかやってないお店だと17時くらいに開店するでしょ？　人がいっぱいいるのが気になるなら、あんまり混んでない開店直後とか閉店間際に行って1杯だけ飲むとかして、1人行動に慣れるといいよね。

山添　1人で行動することをゴールだとして、逆算してどこから始めるかを考えてみると。

> まずはそこから。
> まずは1人行動。

ケイ　うん。婚活パーティに1人で参加するのが怖いのなら、最初だけ友達と行って1人で行けるかどうかを判断するっていうのもありだから。もちろん行ったことに満足しないで、気になる男性がいれば話しかけてみてほしいんだけど。

できることから コツコツと！

山添　男の意見を言わしてもらってもいいですか？　女の人って友達と一緒にいるのが好きですけど、正直、男からすると複数人でいる女の子の良さって、カワイイ子や美人だけしか効果がないんです。

ケイ　やっぱり、そういうもんなんだ。女の人ってすぐ、みんなで固まってキャピキャピしがちだけど。

山添　普段から意識してそう思っているわけではないです。けど、よく考えるとそうなんですよね。やから1人でお店に入れる子、物知りな子とか個性がある女の子のほうが自立してて好感持ちそうやなって思いました。特に、大人になるとそういう女性のほうがステキに見えますよね。

ほら！1人で本なんか読んでたら好印象まちがいなし！！

ケイ　女の子たちが思うほど、男の人は意識してないってことだね。好意を持っている男の人と目が合うと、女の人は「あっ！見てくれた！」って思うけど、向こうにとっては何人もいる中の1人でしかなくて、別に好きで意識的に目を合わしたわけじゃないっていうのと一緒。**自分にとってはオンリーワンでも、相手にとっては何十人いる内の1人**だっていうことは、もっと自覚すべきだよね。それに、良くも悪くも男の人

> 本当そうなんです！(山)

は女の人が思うほど何も思っていないから、もっと積極的に出会いがありそうな場に出て行ってほしい。もちろん、身近なところで以前から気になってた人がいるなら、勇気を出してアプローチしてもいい。けど、今、好きな人がいない人が、友達とか知り合いの中から好きになれそうな人を探すのは前向きじゃない気がして、私はおすすめしない。たまに「この人、誰だろう？」っていう人から連絡が来るときってあるでしょ？ 大体、飲み会とかで知り合った人なんだけど、「久しぶり！ 飲みに行かない？」とか書かれていてもやっぱり返事しないしね。連絡先をなんとなくスクロールしながら、適当に私を選んだのかな……と思っちゃうっていうか。

山添　そうやなぁ。印象に残っている人とか好意を持ってる人からの連絡やったら別なんでしょうけど、**ドラマのようにうまくはいかない**ですよね。けど、それって女性的な考え方のような気がします。男はそういう連絡が来たら、「おぉ、久しぶり。元気やった？」くらいは返す気がする。

ケイ　そうかぁ。こういう些細なことでも、男女で差が出るんだね。

筋トレで自信を手に入れよう

ケイ　悩んだら二者択一をして、自分の中で今いちばんやり

たいことはなんなのかを見つけるって話したでしょ？ 中には自分を卑下し過ぎてる人もいるんだろうけど、自分に何1つ自信を持てるものがないんじゃないかなって思う。そういう人は他人にアドバイスを求めるより、<mark>自分自身を変えていく努力</mark>をしてほしい。せいこう体験がないと。

山添　それ、どっちのほうですか？　←まじぃ～ん㊆

ケイ　サクセスのほう。成功体験ね! 変な想像しないで! たとえば、今日はこれができたとか、まず自分を褒める練習をするといいんじゃないかな。変わりたいんだったら、無理やりでも明るく考えるようにするしかないよね。良くリツイートで「ほとんどの悩みは筋トレしたら飛んでいく」っていうつぶやきが流れてくるけど、運動するってシンプルにいいよね。だって、**暗いマッチョの人に出会ったこと、なくない？**

山添　たしかに!

ケイ　女性って大抵、体型に悩んでるし、今がチャンスだと思って肉体改造するのもいいんじゃない？

山添　努力は目に見えてわかりますし、体は自分自身を裏切らないですよね。

ケイ　そうそう。辛い辛いっていうだけで何もしないよりは、ジムに行って一心不乱に筋トレしてたほうが心にも身体にもいいと思う。もし人目が気になるなら、早朝とか深夜にマラソンしてもいい。私、ダイエットしてたとき、体

重測って体脂肪を毎日記録をつけていたらグラフの変化があって、すごく楽しかった。体重が増えたら凹むけど、どんどん減っていくから楽しくて。汗かくこと自体、すっきりする効果もあるし、ぜひ騙されたと思ってやってみてほしいですね。　行動するのが苦手な私もジョギングは楽しかった！

山添　そうですね。それにしてもおもろいなぁ、精神的な苦痛を晴らすために筋トレすすめるって(笑)。

結婚を遠ざけるのは中途半端な結婚願望

山添　1つ聞いてもいいですか？ 好意のある男性から話しかけられたい理想の高い女の人たちが、歳を重ねたとき、「あ、これは妥協せんと結婚できひんぞ」っていう感情は生まれるもんですか？

ケイ　そんなにはっきりとは思わない。妥協っていうより少しずつ少しずつ考え方が変化していくものなんじゃない？ 逆に、違う部分で理想が高くなることもあるような気がする。

山添　違う部分とは？

ケイ　子供ができても女友達と旅行したいとか、自分が仕事を大事にしていることを好意的に捉えてくれる人がいいとか。年齢によって求めるものに差は出てくるんじゃないかな。

山添　自立している女性がいろんなことを望んで選ぶのは理

解できるんですけど、自立もできてないのに相手に対して高望みするっていう感覚は僕、ちょっとわからんなぁと思うてまうんですけど。

ケイ　そういうタイプって、割と多いと思うけどね。一方で、すべての理想を捨てて、一気に妥協へ突き進む子もいるし。

山添　へぇ、そういうもんなんですね。

※ 最愛の人との結婚が最高の幸せとは限らない！

ケイ　結婚することを目的としてるなら、特に子供が欲しいとなると女性として急がなきゃいけないところがあるしね。そういう人たちは目的を叶えるための最善の取捨選択ができているから行動力もあるし、目的もちゃんと叶えられる。けど、<mark>中途半端な結婚願望しかないと、「ステキな結婚がしたい」とか最もややこしいことを言い出しちゃうんだよね。</mark>

山添　自分の理想にピッタリと合う彼氏や結婚相手って、だいぶ漠然としてますよね。

ケイ　そうそう。で、「どんな人がいいの?」って聞くと、「え、別にお金に困らなきゃいいし……」って言うのに「じゃあ、年収300万円くらいあればいい?」って返すと「300万円はちょっと……」とか言うんだよね、そういう子に限って。本当に結婚したいなら、**「私が稼ぐから気にしない」**って言い切れるはずなのに。

山添　中途半端な条件しかないっていうのは、<mark>明確な目標とか自分の立ち位置がごっそりと抜け落ちてることが多</mark>

いんですね。もし、いいなと思った異性が現状300万円の稼ぎでも、自分の見込んだ男なら今後稼いでくれるやろうとは思わへんのかな?

ケイ　その辺、難しいところだよねぇ。たとえば、芸人だとかミュージシャンとか成功したいっていう目標がある男性なら、自分が働いてでも成就させてほしいって思って支える女性はいるはず。けど、真面目に仕事を続けても今後あまり収入が増えないだろうなって想像できちゃうような男性に、実は自己評価の高い私たちは特別な魅力を感じにくいんじゃないかな。長い目で見れば、後者のほうが失敗する確率は低いんだろうけど、目標を持っている人のほうがやっぱり魅力的に見えちゃうんだよね。

夢追い人 ⑦

㊟ 芸人で300万稼ごうと思ったら、何年かかるか…。

相手にプレッシャーを与えない誘い方、距離の詰め方

ケイ　ザ・受け身なウジガチ子さんは、好意を持っている異性をどう誘ったらいいのかわからないっていう人も多いと思う。その人の人生経験や性格によってそれぞれ違うからアドバイスしにくいところはあるけど、男の人って女の人にぐいぐいこられるのはイヤじゃないの?

山添　ぐいぐい具合によりますねぇ。たとえば、男って下ネタを言う子が好きやと思ってる女の人っているんじゃないかなと思うんですけど、そうじゃないんです。自分の品を

保ちながら下ネタに乗ってくれる人が好き。やから、<mark>女性らしさを忘れず、自分本位にはならないっていうところ</mark>が、好かれるための肝になる気はします。

ケイ　女性からすると、そのさじ加減をはかるのはけっこう難しそうだなぁ。

山添　具体的にいうと、「ご飯を食べに行きませんか？」とか「飲みに行きませんか？」ってあちこち何人も誘う調子のいい女性って、男は惹かれません。あと、5〜6人で飲んでいるときに「どういう人が好きなんですか？　私ってこうこうなんですけど」って1人だけに気持ちをガンガンぶつけてくるような人いますけど、アプローチの仕方を間違えてるなって思う。自分本位の行動になり過ぎないほうがいいと思います。

> でも、ワチガイ子さんはめちゃくちゃ周り見てるだろうから、この心配はなさそう！㊥

ケイ　ほかには良く言うやつだけど、<mark>3回誘って3回断られたら脈なしだよね。</mark>

山添　はい、その先の発展はないでしょう。

ケイ　もちろん、本当に予定が合わなくて断わられるシチュエーションもあるよね。ただ、<mark>代替案を出されなかったら、まず興味を持たれてないと思っていいんじゃない？</mark>「ごめんね。今、忙しいんだ。来月だったら大丈夫なんだけど」って言われたとして、翌月になって誘って断られて、その翌月になっても誘いを断られたら、もう脈はない。興味を持たれてないってことが断られてる原因だって気づかない人、実は多いけど。

> それを察してくれないと、むしろ嫌われます。㋐

山添　逆に誘った男性から「じゃあ、この日はどう?」って提案されたら、少しは興味持ってることですよね。

ケイ　そうだね。興味があれば、代替案を出してくれるはずだもんね。

山添　3回連続で誘ったあと、一切誘わへんくらいのほうが、もしかしたら効果はあるんかも。男のほうが"あれ、俺に興味なくなったんかな"って不安になって、逆に誘ってくるかもしれへん。

ケイ　男の人はそう思うのか。あと、女の人が誘われる場合、意中の人じゃないと無理! と思って断っちゃいがちだけど、友達としてアリな異性なら"暇だから行ってもいいか"くらいの気持ちで行ってほしいよね。話してみたら興味が湧くことも少なくないだろうし。あと、男性を誘いたいとき、2人きりだと誘いにくいとか断られそうで怖いと思うなら**「今、女友達と飲んでるんですけど、よかったら来ませんか?」**って誘ってみればいいんじゃないかな。友達がいるっていうだけで、一気に男性は行きやすくなると思う。男は前々から計画にれるよりその場のノリの方が好きよね。

山添　そう誘われたほうが、気が楽になれていいですね。

ケイ　<u>1対1だったら面倒くさいけど、誰かと一緒だったら行ってもいいなって思うもんね。</u>そこから先は本人のがんばり次第だけど、仲良くなりたいなら早急に結果を求めず、じっくりと時間をかけたほうがいいわけで。となると、まずは会うための最善策を考えないと前には進めない

からね。

山添　男からすると思わせぶりな感じになってもうたらイヤやなっていう理由で、2人きりで出かけるのを断っている可能性もあります。けど、3人やったら気軽に出かけられるし、そこで実際に話してみてええなぁって思う確率も上がると思う。男が友達を誘って4人になっても尚良し！⑪

ケイ　恋愛経験が少ない女の人ってどうしても「彼氏欲しい」＝「恋愛しなきゃ」みたいに思ってる人が多いのよ。バレバレなアプローチをした結果、相手に引かれちゃって**生まれる恋を逃してること**って多いにあるんだけど。

山添　男としては、あんまり気持ちはバレへんほうがいいです。さりげなく"あぁ、好きなんかな"って感じるくらいが、いちばん心地ええというかね。

ケイ　もちろん勝機があるなら、最初からガツっといってもいいけどね。3回断られたら脈なしとはいったけど、逆にいえば1回断られたくらいで諦めちゃダメってことでもある。**ウジガチ子さん、勇気を出して！** 断られたときに向こうが礼儀で「また誘ってください」って言ってくれたら「ぜひ！」って笑顔で返しておいて、後日「友達と飲んでるんですけど、良かったら一緒にどうですか？」って誘うこと。2人きりだともしかして告白されるんじゃないかと思って断られるかもしれないけど、前に断った負い目もあるだろうから来てくれる可能性も

色んな手を試してみて！⑫

あるから。

山添　うんうん。友達がおったら告白されるんちゃうかっていう心配もないから、気軽で行きやすいですね。たとえば、最初の出会いが合コンやったとしたら、一緒に行った男だけのLINEグループで「お前、あの子と2人で飲みに行ったらしいな」「えらいそっけなかったって聞いたで」とか回ってきたりして。男はそういうのが煩わしいから、その前の段階できっぱりと断っときたい気持ちもあるんですよ。やから、友達的な感覚で誘う飲み会っていうのは、いっちばん効果あります。

ケイ　女としても2人きりの飲み会を断られたら傷つくけど、友達がいればたとえ断られたとしても傷が浅くてすむからね。どんな方法にせよ、行動を起こせば次のアクションへ進める。傷つくのは怖いだろうけど、傷つくことを恐れて守りに入っていても何も生まれない。怖いなら傷つかないやり方を考えるっていうのも1つの手段だから。

山添　そこでも、ケイさん流の二者択一が生きてくると。

ケイ　そう! 究極の自分なりの考えを導き出せばいいんです。良く「好きな人に彼女がいるんですけど、どうしたらいいですか?」っていう相談ももらうじゃない? 彼女がいてもいなくても、その人のできることは**"諦める"か"思いを伝える"かの2択しかない**わけ。そういう状況を悲しげに酔ってるだけじゃ意味はないのよ。彼

（吹き出しメモ：自己防衛は有！）

==女がいてもいなくても、片思いに変わりはないじゃん？==

山添　その事実は変わらないっすもんね。

ケイ　"彼女がいる"という状況を自分の物語を盛り上げる要素にしてるだけだってことに気づいてほしいし、そういう行為はすっぱりとやめましょう！

山添　==物語のヒロインになるのは、今日で終わりにしてほしい==ですね。

ケイ　片思いする相手についても、本当にその人でいいのか考えてほしい。「カフェの店員さんを好きになっちゃったんですけど」っていう相談も良くあるけど、そういうひとめ惚れするような人って絶対かっこいいじゃない？ そんな一瞬で中身も知らないのに好きになるほどのステキな人はみんな、好きだから。彼を見つけてるのは自分だけじゃないのに、"こんなステキな人と出会えるなんて、これって運命？"って**自分に酔っちゃっても意味ない**でしょ。

山添　モテてるのは、そのカフェの店員さんも自覚してはるやろうからなぁ。そんな素ぶりを見せへんだけで。

ケイ　恋愛モードになかなかなれないから、その店員さんにキュンとすることでスイッチを入れてるんだっていうならいい。けど、==ガチ恋になって辛いって思うならもっと現実的な出会いを探したほうがいいじゃない==。特に告白もできず、ネガティブなことばっかり考えるなら、**そんな恋はやめたほうがいい**よね。

> その店に行かなきゃいいんだから。
> 本当に好きなら、さっさと告白なさい。⑦

山添　店員として接してくれる表面上のことしか知らんわけで、実際話してみたら自分が思ってた人と違ったって思うこともありそうですし。

ケイ　そうなのよ！ 相手のことを良く知らないのに、自分の中だけで悩みや妄想を巡らせても何も生まれないんです。悩むなら、もっと現実的なことで悩まないと！「好きな人に彼女がいる、この辛い現状をむしろ楽しんでます！」なら、どんどん突き進んでもらっていい。それってポジティブだからね。だけど、大体「辛い……」「今日、彼女とデートなのかな……」「彼の誕生日に一緒に過ごしたいっていうのは私のわがままなのかな」って、結論の出ない問答をずっとループさせてるでしょ？ そんなことをずっとやっててもしょうがないんだよね。

山添　そのドラマに視聴者はいないし、「がんばれー！」って応援してくれる人は誰もいないですもんね。学生時代は仲がいい女友達に相談すれば世話を焼いてくれて、片思いの相手に彼女がいるのかを聞き出してくれたこともあったかもしれへん。けど、社会人になったらそうはいかへん。誰かがやってくれるんちゃうかと待ってたら、どんどん時間が過ぎてまうっていう。

ケイ　告白して、彼女がいるってフラれたら切り替えられるかもしれないしね。距離を置かれたのならスッパリと諦めるしかないし、少しでも脈がある感じが見られたとか都合のいい女にしてくるとかなら、次の手を考えればいい。

とにかく、相手に揺さぶりをかけないと何も始まらないんだよね。

山添　あとねぇ、男の立場から**ずるい意見**を言わしてもらうと、妹的なポジションの女の子っておるような気がするんですよ。彼女はおるけど、バイト先で一緒になってる女の子をカワイがっていて。そこに恋愛感情はないねんけど、頼ってくれる感じとか好意は嬉しいっていう。

ケイ　カワイがられると女の人は自分のことを好きだって勘違いしちゃうよねぇ。そのポジションに満足してたら、彼女にはなれないけど。現状維持してたって、その恋が成就するっていう幸せは訪れないわけだから。

山添　片思いの期間が長ければ長いほど、実ったときは美しいなと感じてまいますけど、最終的に行動して実るから美しいのであって、ただ停滞してるだけじゃ美しくもなんともないですもんね。テレビに出てはる人やスポーツ選手、スターの場合は結果が伴わなかったとしても、そのがんばってきた軌跡を視聴者が知る術があるから応援してくれる人もいますけど、片思いは仲がいい友達ひとりが知ってるか知ってへんかくらいのことでしかないから。

ケイ　友達も、**3年も片思いしてるとなるとどうでもいい**と思うだろうしね。

山添　あ、そういうもんですか？

ケイ　「この前、告白しようと思ってデートしたんだけど」ってい

あなたの恋愛うごいてますか❓

う話は聞けるじゃない？ 次会ったときに「やっぱり言えなかった」って言われても「悩んだんだ。がんばったね」とは言えるけど、**進展のない恋愛話はさすがにつまんないよ**。

※なるほど！ そしたらここで脚本に「展開」や！

マイナスポイントも会話でプラスに変えてみる

ケイ　異性に気軽に話しかけられない悩みって、考え過ぎてるだけのような気もする。前に「好きな人とうまく喋れません」っていう相談をもらったことがあったんだけど、恋愛感情を持ってない人なら普通に喋れるし、連絡先も聞けるわけじゃない？ 意識し過ぎて聞き出せないのなら"この人のことは好きじゃない"って言い聞かせてから喋るようにするといいんじゃないかな。意識しちゃうのはすごくわかるけど、恋愛の成功として結果が出ないならやり方を変えるしかない。たぶんウジガチ子さんは"電話番号なんて聞いたら、こいつ、俺のこと好きなのかなって思われるんじゃないか"とかゴチャゴチャと考えてちゃうんだよね？ 私もそうだからわかる。ただどうしても聞き出したいんだったら、<u>頭の中でシミュレーションして聞き出すしかないじゃない</u>。

※全然好きじゃなくて話すことができる人と話すくらい普通に / 俺と話してください感じで。

山添　それができひんから、悩んではるんちゃいます？

ケイ　私たちは職業柄、話すことに慣れてるけど、世間の男女って意外と会話が苦手だもんね。たとえば、会って2

回目くらいの人との会話ってどうしたらいいと思う?

山添　そこは男女ともに共通してる気がしますね。まず、興味を持ってるっていうことを示したほうが、どっちも嬉しいはずですけど。

ケイ　初対面では難しいけど、飲みに行ったところで**「おにぎりの具で、何がいちばん好き?」**とかで盛り上がってくれる男性って私はいいなと思うんだよね。

山添　女の人らしい会話やなぁ……。（みそ汁の具の話も好き♡）

ケイ　パーソナルなところを聞きたくても、ウジガチ子さんは"どんな仕事してるんですかって聞いたら、いくらくらい稼いでるのか聞き出そうとしてるって思われるんじゃないか"って心配で聞けないと思うの。ここで大事なのは、聞き方で。

山添　聞き方は大事ですね。「どこ住んでるんですか?」ってピンポイントで聞かれたら答えづらいけど、「この辺、住んでるところの近くやったりするんですか?」って聞くだけでちょっと答えやすくなりますよね。それやと、「ここから30分くらいのところです」とか曖昧に答えてもいいから気が楽ですし。

ケイ　**「飲むときはいつも、どの辺で飲んでるの?」**とかね。そこから、「そこは職場の近くなんですか?」とか連鎖して聞いていけるよね。

山添　そうですね。「おっぱい見して!」って言うんじゃなくて、「姿勢めっちゃええな? もっと正せるぅ?」って聞いたほうがさりげなく胸を強調してくれるかも……っていうの

と同じことで。

ケイ　また微妙なたとえ方……(苦笑)。

やれやれ……。㋐

山添　ははは！ いくつか質問して、答えてもらいながら聞きたかったことを聞き出す話術を身に付けるのがいちばん良さそうですよね。僕、性格的にアホやって思われても別にええわみたいなところがあるから、話すことがなくなったら「ちょっと俺、星空見てる。1人の時間ちょうだいな」って黙るのもアリなんかなって思うんですけど、どうですか？

ケイ　そんなこと、女の子が言い出したらわけわかんないでしょ？(笑)

山添　男はそういう感じでもいいですよね。「何それ！」って言われたら、「ちゃうねん、打開策のつもりでやってん」って説明すればええし。

ケイ　男の人はそれでもいいかもしれない。けど、一般的に男女ともども、そこまでコミュニケーション能力は高くないと思うよ。だったら、**「今、緊張しててうまく喋れなくて」**って言ったほうが良くない？ 私も飲みの場でちょっと気まずいとき、「こういうときって何話せばいいんですかね？」とか先に言っちゃう。で、相手も「そうですね」ってなったら、「じゃあ、おにぎりの具で何がいちばん好きか話しましょうか」って言うとボケっぽくなってお互いの気まずさが和らぐかもしれないよね。

山添　あぁ、それええなぁ。そのときの気持ちを素直に教えて

後から気づく自分の案の恥ずかしさね。㋑

あえてワザとらしく聞くのがポイント！㋒

くれたほうが、男としてもありがたいです。話しかけられたくないと思ってるときに話しかけたんちゃうかと思わんでええというか。

ケイ　そうそう。自分自身も気が楽になるしね。

山添　たしかにケイさん、人見知りっていうワードを乱用してるときありますよね。けど、そのほうが男性は話しかけやすいと思う。

ケイ　たとえば合コンとか婚活パーティの場だったら、「私、あんまり来たことないんで緊張してます」って自分の情報をさりげなく入れて、現状を伝えることもできるじゃない？ 男の人に慣れてないから喋れないわけだけど、慣れてないっていうポイントは男の人からするとマイナスではないはず。だから、「職場以外の男の人と話すのが久しぶりで緊張してます」って本当のこと言っちゃえばいい。

「何の仕事してるの？」って会話につながるかもだし。

山添　男の人も「あぁ、そうなんや」ってホッとできるし、逆に"本音を言ってくれたんや、心を開いてくれたんや"って嬉しくもなりますね。

ケイ　そう、なんでもいいのよ。「婚活パーティって来てみたら楽しいものですね」って言ったら、相手に楽しんでることが伝わる。それに恋愛経験が少ないことも、男性にとって悪いことじゃないでしょ。初めてなら「こういう場所、初めてなんです」って言っちゃったほうがいいし、「すごくキレイな人ばっかりで緊張しちゃいます」って言えば「い

やぁ、あなたもおキレイですよ」っていう言葉を相手から引き出すことができるかもしれない。人見知りで喋るのが苦手であれば**「勇気を出して喋りかけてみました」**って言っちゃうと、男の人も"俺のこと気に入って声かけてくれたのかな"って好意的に捉えてくれるはず。ウジガチ子さんはどうしても消極的になりがちだけど、苦手であるということを敢えて口にすることでプラスに変えていってほしいです。　気持ちを言うだけならできるでしょ？⑦

山添　初々しさって、男性にとってはむしろ喜ばしいことでもありますから。こういう積極的な行動に出ることで、ウジガチ子さんは"可能性さん"にグレードアップされますよ！自信を持ってください！

（至ってシンプル！）⑭

ケイ　家で「こういうところに来るの、初めてなんです」って言う練習をしてもいいかも。こっそりと伝えるのも効果あるよね？　オホヒヒ…良かったら練習台になりますよ？（笑）⑭

山添　もちろん。男って女の人が思っている以上にヒソヒソ話でドキドキしていますからね。絶対に効果的です！

女性がグッとくるのはちょっとした気遣い

ケイ　男性の中にも、女性と話すのが苦手な人っていると思う。そんな人に2度目の出会いの場でおすすめしたいのは、前回会ったときの細かいマイナーな印象やエピソードを憶えておいて伝えること。

山添　女性はそういうところにグッと来るもんなんですか。

ケイ　そう。男の人は大事な話を憶えておいてほしいんだろうけど、女の人は"初対面のとき、私が赤い服を着てたの、憶えてくれてたんだ!"とかで感動するわけ。プレゼントしてくれるときも「何色と何色の洋服、よく着てるから、このネックレス似合うかなと思って」とか言ってくれると、すっごく嬉しいしね。

「気に入ってくれるかなぁ」って赤い服をドキドキしながら着てたらなおさら!!

山添　そういうもんなんやぁ。次に会ったときにこの前もこの服着てたなっていうのは憶えてるんですけど、「いつも私がどんな服着てるか憶えてる?」って言われても答えられへん。下着ははっきりと憶えてるんで、「あれ好き!」って伝えられるんですけどね。

ケイ　それは憶えなくていい!(笑)やっぱり男の人も細やかさのあるほうがステキだなって思うよね。男芸人の中に女が私1人だけっていう飲み会っていうか、打ち上げってあるじゃない? 私は輪から外れて1人で飲んでても慣れてるからなんとも思わないんだけど、みんなで盛り上がってるときにさりげなく「ケイちゃん、どう思う?」とか「ケイちゃんのあの顔見ろよ」とか巻き込んでくれると優しいなって思うよね。==話しかけなくても、目線を合わせてくれたり、会話に相槌を打ってくれてるだけでも気遣いを感じて嬉しい。==こういう気遣いは男女ともに大切だと思う。

ゲスい話多め!!

山添　そういうのがサラッとできる人、MCのうまい芸人さんに

多いですよね。

ケイ　うんうん、めっちゃ気遣ってくれるよね。あとね、ある番組で全員に支給されるペットボトルのお水を収録後、水が残ったまま置いてっちゃう人が多くて、スタッフさんが「残ったお水は捨ててくれると嬉しいです」って張り紙してたことがあったでしょ。そうしたら収録後、ある先輩芸人さんが4本くらいペットボトルを抱えてトイレに入っていって。

山添　はぁ、ステキやなぁ。

ケイ　持てる分だけ持って来たんだと思うんだけど、その無理してやってるんじゃない自然な気遣いが大人だな、かっこいいなって思った。山添もちょっとやそっとのことで騒がず、気遣いを大事にしてね。

山添　はい、肝に命じます。

> 僕に返ってくるような気はしてたので、良い返事だけにしてみました！

ダメなところではなく、いいところを褒める

山添　第3章でも少し話しましたけど、男性に慣れてない女性やと連絡先を聞き出すのも大変そうですよね。合コンとかやったらまだ聞き出しやすそうですけど、会社の同僚とか趣味の場で会った仲間とかやと何かしらのきっかけがないと難しいって思ってる人、多そう。

> 今さら感出ちゃうもんね。

ケイ　そうかぁ〜。たしかに会社のメールアドレスを知ってると、プライベートの連絡先を聞き出しにくいね。同じ会

社で働いてても挨拶くらいしかしない関係性なら、聞きづらいし。そうなると、社内研修とかで声をかけるしかないのかなぁ。

山添　それか口実をつくるか。「○×課の女の子2人とバーベキューしようって言ってるんですけど、良かったら一緒にどうですか?」って声をかけて「詳細決まったら連絡したいんで、連絡先を教えてもらえませんか?」って言って聞き出す。それやったら、違う部署でも可能性ありますよね。

ケイ　そうだね。何かしら連絡先を聞くきっかけを見つけるしかないね。

山添　僕、今思えば、**とんでもない行動力がある元カノ**がいたことを思い出しました。高校生の頃に付き合ってて別れたあと、その子から「友達2人に彼氏がいひんから、コンパ開いて」って言われて。で、僕が幹事で元カノも来て3対3でコンパをやったんですけど、その元カノの友達がええなぁって思って。

ケイ　ねぇねぇ、話の入り口間違ってない? それって、元カノの行動力じゃなくて、山添の切り替えの早さの話でしょ?

山添　ちゃうんです(笑)。そのええなって思った元カノの友達と何年越しかで付き合ったんですよ。で、出会いの話になって、「あの合コンが初めてやったなぁ。そういえばあのとき、『彼氏おらんからコンパ開いて』って言うてたんやろ?」って言ったら、彼女に「私、そんなこと言うて

元カノとコッパもすごいよね……。⑦

ない」って言われて。そこで初めて、元カノが僕とよりを戻したいがためにセッティングした合コンやったってことが判明したんです。

ケイ　山添はすでに恋愛対象として見てなかったから、その元カノの気持ちに気づかなかったんだ。けど、彼女はまだ山添にも私に対する気持ちが残ってるから、私とペアになるはずだって画策してたんだろうね。

山添　あぁ、どうなんやろ？　その可能性は大いにありますね。

ケイ　そこでもう一歩その元カノが踏み込んでたら、また付き合い出す可能性もあったのかもしれないけど、それをしなかったから山添も気づかなかったんだね。

山添　そうですね。なんなら、その子に「あの子ええなぁ」って言うたかもしれないです。

ケイ　それで諦めたのかも。この本を読んでいるウジガチ子さんにそれくらいの行動力があったらいいんだけど、やっぱり行動しないと始まらないよね。たとえば——もちろん、これは日頃の関係性にもよるんだけど——「私、○△さんのこと、めっちゃかっこいいと思ってるんですよね」とか口に出してもいいわけじゃない？　前に面識はあるけど一緒に飲むのは初めての男の人に「前からカワイイと思ってた」とか「今日、帰るまでにケイちゃんの連絡先を聞くのを目標にしてるから」と言われたとき、好意を感じて嬉しかったし、謙虚さも感じてすごくいいなぁと思った。「○△さんのこと、かっこいいなと思って

るんです。連絡先、教えてください!」だとユーモアがないけど、飲み会とか社内研修とかで一緒になったのなら「今日帰りまでに連絡先を聞きたいです!」とか言えば、カワイらしく映るんじゃないかな。

山添　普段のキャラクターに合うてたら、使える方法ですね。

ケイ　そうそう。「絶対に両想いにならなくちゃ」って男性の前でギュッと硬くなる女の子って多いんだけど、**フランクに接するのってすごく大事**なんだよね。容姿に自信がない女の子は、特に相手がイケメンであればあるほど軽くいけばいいんだよ。向こうもかっこいいって言われ慣れてるから、「みんなかっこいいって言ってますね。私も思ってまーす!」って言えば、相手も話しやすいと思う。本来は「かっこいいですね」にもうひと手間加えてほしいところだけど、まずはこの一言から始めようか。

山添　いろんな男の人に「かっこいいですね」って、さらっと言えるようになるといいのかもしれへん。それができるようになったら、異性への意識も変わるんちゃうかなぁ。

ケイ　それ、すごくいい! 他人のいいところを褒めるってすごく大事じゃない。異性を褒めるのが恥ずかしいなら、まず同性の友達や友人を褒めるところから始めてもいいんじゃない? 私たちってさ、他人のイヤなところをつい探してしまいがちなわけ。でも実は"こういう女ってイヤだわぁ"ってつい悪口を言いたくなる同性って、どちらとい

（欄外手書き）
基本ムリなんだから、逆に話しやすいって。㋐

山添さんはキレイ系だから見合ってるよ。㋺

うん。それはなんとかならんの?㋺

うと、本当はこうなりたいっていう願望を大いに持っている人だからこそ気になってるんだよね。

山添　あぁ、なるほどなぁ。

ケイ　本来、"この女の人、イヤだわ"っていう自分の感情に向き合うべきなんだよね。たとえば、職場で何かあるたびに仕切る女性がいたとして、この人好きになれないって思ったとするじゃない？　けど、職場の同僚が私を見る回数とその人を見る回数、どっちが多いかと言ったら、何もしてない私より仕切って前に出てくるその人のほうが多いよね。っていうことは、その人のいいところに気づく人もたくさんいるってこと。"あの女の人、仕切りたがりでイヤだわぁ"っていう気持ちは女友達からは共感してもらえるかもしれないけど、客観的に見ると1人でがんばって仕切ってる女の人のほうがやっぱりステキだからね。

山添　そうやって、**自分を客観的に見る**のっていいですね。ちょっとでも羨ましかったり、妬んだりする気持ちなんだって気づいたら、自分も何かしらの行動を起こしてもいいですし。

ケイ　そうそう。"うちら、ブスだもんね"って慰め合いながら人生を楽しみたいなら今のままでもいいけど、そうじゃないなら"イヤだな"って思う人の引っかかるところを認めて実践すると、変われる一歩になるはず。あとは男性に1週間に1回、「かっこいい」って言うって決めて「その趣

斜めから物事見るこの私のセンスに気付いて♡はもう卒業しましょう。

味、かっこいいですね」とか「その時計、めっちゃかっこいいじゃないですか」とか声をかけることもやってみてほしい。今のご時世、セクハラとかもあるから難しいかもしれないけど、会話の中でふと口にするくらいなら、同僚も喜んでくれるんじゃないかな。

（手書き注：その人自身じゃなくていいのよ。）

山添　恋愛感情関係なく、会話の中もできることですからね。ケイさんみたいに考え過ぎてる女の子は"うわっ、私、思わせぶりなことしてるのかな"とか"好きでもない人にそんなこと言ったらあかん"とか考えそうですけど、これって普通の会話ですからね。

ケイ　そうそう。で、かっこいいって言いまくってると、段々、簡単に言えるようになってくるしね。

山添　かっこいいって言われてイヤな気持ちになる男はいないですから、ぜひ実践してください！

（手書き注：さりげなく…！フランクに…！）

SUMMARY

★本当に出会いを求めたいなら1人で行動できるようにしよう
★悩む前に筋トレ
★なぜ結婚をしたいのか、今一度気持ちを整理してみよう
★3回誘って代替案もなく断られたら脈はない
★1対1の飲み会が難しければ友達も誘ってみよう
★物語のヒロイン気分の恋は卒業しよう
★自分が苦手なことを敢えて話題にして会話のキッカケに
★褒め言葉を積極的に言おう

COLUMN 4

男性が惹かれる
女性がわかる究極の1冊

by 山添 寛

©佐藤タカヒロ
(秋田書店)2007

　男としてグッとくるヒロインが登場するマンガで思い浮かんだのは、佐藤タカヒロさんの『バチバチ』。主人公の鯉太郎が父と同じく相撲の道へ進んでいく物語なんですけど、鯉太郎はスカウトされて入門する空流部屋の娘さん・椿と一緒に生活するんです。椿は鯉太郎に好意を寄せていて、おそらく鯉太郎もその子が好きなんですけど、恋の進展はそれほど描かれず、力士として稽古に励む鯉太郎を椿が遠くから支えていく姿が要所要所に描かれているんですね。鯉太郎はもともと不良から相撲の世界へ進んだ男の子で、椿は「また揉め事起こすんじゃないわよ!」とか常に喧嘩腰なんですけど、影で応援していて、1人、公園で涙を流したりする凛とした女の子なんです。表では冷たく当たりながらも、陰ではしっかりと自分のことを尊敬していろいろと考えてくれていて、見守りながらめっちゃ応援してくれてるっていう。男って、そういう女性にグッとくるんですよ。恋愛指南本には積極的なアピール方法が書かれてると思うんですけど、実は控えめな女性のほうが好きな男も多いので、ぜひ一度読んでみてください。こんなこと言ったら、控えめに支えてる努力を男は気づかねーだろ! ってケイさんに言われそうですけどね。

[必勝法その5]

理解できなくても知っておいたほうがいい、男性の思考回路と真意

第5章

キープでもいいという女性と浮気をしたい女性

ケイ　第5章では男性の思考と真意に迫っていきたいと思います。ということで突然ですけど、**男の人ってキープ女子が欲しい**もんですか？

山添　へっ!?

ケイ　あなたに聞いてますよ？

山添　えっとですねぇ、ベースとしてはそんなことないです。タイミングとかいろんな材料が組み合わさって、えぇーー！みたいなことって起こるかもしれないですけどね。

ケイ　全然はっきり答えてくれないじゃん（笑）。

山添　え？　いや、あの、こっちに彼女がいるのをわかってるし、知っててええ顔してくるし、まぁお酒も入ってるし、結婚してへんし……いろんな言い訳が頭の中を巡っていくうちに、ウィンウィンの関係になってると思うってこともあります……よね？

ケイ　私、キープされる側の女の子が、それでいいと楽しんでるならアリだと思う。けど、第4章でも言ったように「遊ばれてるのはわかってるけど辛い」とか「2番目でもいいの。好きだから」って悲劇のヒロイン的な感情になるなら、やめたほうがいいなと思うわけ。

山添　本人がその状況を楽しんでるかどうかが大事やと。

ケイ　うん。どうしてもその人のことが好きで彼女になりたい

> 男も言い訳する生き物です。㋒

> ……って聞いたことあるような……ね？ ㋙

なら、最悪2番目でもいいわけでしょ? だって、何者でもないよりいいわけだもんね。

山添　究極の選択ですよね。僕が怖いんは、**女の人の浮気**。男が浮気する心理は同性なんでわかりますけど、男は女の人が浮気してもたぶん気づかへん。テレビの街頭インタビューとかアンケート調査で不倫願望のパーセンテージを見てると、めちゃくちゃ怖なってきます。

ケイ　ただ、女は願望はあっても経験してるとは限らないから。

山添　浮気したいと思ってる人が多いっていうだけで、男はびっくりするんです。　そりゃずっと1人の人をずっと大好きでは中々いられないよ。

ケイ　浮気したいと思ってることすら知らないもんね。男の人は自分たちはしたいと思っていて実際にしてる人も多いのに、女性は一切浮気したいと思ってないと信じている生き物だから。女性にだって願望はあるけど、今付き合ってる人がされたらイヤだろうからしないんだよ。わかる? 男性はそういう優しさは持ってくれてないんですか? ねぇ、どうなの?

山添　(苦笑)。いや、まぁ女の人は浮気したいけど我慢してるんやって知ることは、彼女の立場を考えてもっと思いやろうとするきっかけにはなると思います。僕はね? そう思いますし、きっと世の中の男性も同じように思うはずです。……たぶんですけど。　ガマンしてる。

ケイ　あぁ、こいつまた浮気するわ、絶対。やだやだ!

山添　ぐっ……。ピンポイントで詰問するときは、それ相応の

時間をください!

ケイ　男の浮気が成立するのは、女の人の心情も少なからず影響してるのは間違いない。世の中にはキープでもいいっていう女の子が実際に存在するから。まぁ、その子がそのポジションでもいいのなら他人がとやかく言う筋合いはないんだけど、彼女や奥さんがいる男の人がそれをやってるっていうのはどうなんだろうって思う。

（手書き：特定の人を作らずに遊んでいる人は別に良いと思う。）

山添　男は浮気に関して、たしかによこしまな気持ちはあります。けど、大人になったら当然リスクも考えるでしょうし、本命の彼女にバレることを考えると大きなギャンブルには打って出ないんじゃないかなと思いますけどねぇ。

ケイ　そういうもの？　けど、けっこうリスキーな不倫をしてる人もいるじゃない？

（手書き：職場で、とか。）

山添　そういう話題、最近たしかに多いですよね。けど、

後々のことをちゃんと考えてる男の人はしないはずです。（手書き：やっと言えた。これをスッと言うべきでしたね。）

ケイ　女性の立場から考えるなら、==本命になれると信じてキープ女子をしてるんだったら間違ってる==なと思う。

山添　ですね。その成り上がりは期待せんほうがいい。所詮、火遊びですから。たまに奥さんと別れて不倫相手と結婚する男性っていはりますけど、男が手を出した責任を取らなあかんって思った数少ないケースですからね。

（手書き：男は家庭を捨てないよ!）

ケイ　まぁ、どちらにしても男性に話しかけることさえ気楽にできないっていうウジガチ子さんは、マジでやめたほうが

いい。それこそ**時間の無駄**だから。「私のこと好きだったんじゃないの?」って詰め寄っても、「好きとは言ってない。カワイイねって言っただけ」みたいなことを言うのが男ですから。

山添　「ほかの子とはちゃうから」みたいに濁してね。

ケイ　え、言ったことあるの?

山添　僕はないです!

> → 人生における恋愛の黄金期を、2番目の女として過ごして良いの?

"距離を置こう"という言葉の意味

ケイ　**「距離を置こう」**っていう言葉1つにしても、男女で使い方の差がある気がするんだけど、山添ならどういう状況で使う?

山添　経験上、別れる前提ではありますよね。

ケイ　やっぱりそうだよね。別れたいって言われたときに、なんとか引き止めたくて「じゃあ、1回、距離を置くっていうのはどう?」って提案として言うこともあるよね。

山添　その場合、そう言ったほうはまだやり直せるって思ってるわけですよね? 僕、以前、同棲していた彼女に言ったことがあるんです。そのときは2つの意味合いがあって、1つは別れを切り出したら大揉めしそうやな、もう1つは距離を置くことによって冷静になれるかなって思ったからなんですけど、彼女には「距離を置こうっていう時点で、別れることが前提やろうが!」と感情的にキレ

られまして。

ケイ　ははははは！　まぁ、そうなるよね。

山添　はい。ケイさんは言ったことあります？

ケイ　あったかもしれないけど、はっきりと憶えてないなぁ。言ったことがあるとすれば、別れのものすごく柔らかい表現として使った気がする。「別れて」って言うと、ちょっとイヤな女に見えるじゃない？　だから、「距離を置かない？（このまま自然消滅になるのが理想です）」っていう言い方をしました。

山添　フェードアウトかぁ。俺、大人になってから自然消滅したことはないんですけど、一般的にはアリなんですか？

ケイ　私は別れるための話し合いをしたくないんだよね。※ だって、意味ないじゃない？　もう別れたいんだから。ただ、向こうがそう思ってなかったら、「1回話し合おうよ」って返ってきちゃうよね。そこで、「距離を置こう」って言ってフェードアウトすれば、そのやんわりとした一言で終われるからいいなって思うんだけど。

> 「話し合うって何を？」ってなっちゃう。⑰

山添　僕は1回話し合ってスパンと別れたほうが、あとくされなく別々になれてスッキリできると思いますけどね。ケイさんだって、逆の立場やったら「ちゃんとフるならフッてよ！」って思うでしょ？

ケイ　**フラレたことないから、ちょっとわかんない（笑）。**

山添　いや、あるやん。あるやろ、それは！

> 付き合った男からは ⑰
> 1回しかフラれたことないもん。

※←この辺からモテ女のスイッチ入ったなぁ ⑭

ケイ　まぁ、「1回、距離置こう」って言われたあとに音沙汰がなかったら、友達に「最低な男だった」って悪口言っちゃうよね。

山添　でしょ？

ケイ　絶対にそう。だけど、別れるための話し合いは極力したくないなとも思う。もし彼氏にそう言われたのならば、元に戻る可能性があるのかだけしっかり確認して、可能性がないなら「わかった」って素直に受け入れたほうがいいかもね。変に揉めるより、もっと自分に合う人をすぐに探したほうがポジティブでいい。くよくよしないで、次に行くべきですね。

男が考える浮気、女が考える浮気

ケイ　ねぇ、**今後一生、浮気しない自信**ってある？

山添　ドキッとするトーンで聞かんといてください。……あの、もう1回聞いてもらっていいですか？　← 否定しませんね。

ケイ　浮気は当然、今までしたことがあるんでしょうけど、彼女なり結婚相手なりに今後、一生しないって誓えますか、山添さん？

山添　その瞬間は誓えます！　感覚として、男は彼女ができた時点では浮気する気持ちなんて毛頭ないんです。流れで浮気してもうたなってことがあるっていうだけで。

ケイ　そういう状況って、今後も絶対あるよね？　それでも浮気

しないって誓えるの？

山添　はい、結婚したら絶対にしません！ だって、リスクがでかいですから。

ケイ　山添がそう言い切れるのは、浮気した経験があるからかもね。浮気の経験がないからと言って今後しないとも限らないし、したことがないからこそなおさら燃え上がっちゃう男性もいるのかもしれない。

山添　まぁ、正直それはありますね。**いろんな経験を経ているからこそ、結婚したらせぇへん！ と言い切れます。**

言い切りましたね。

どこからか
ウソつけって声が
聞こえる…。

ケイ　あ、そう。じゃあ、結婚して子供ができたとするじゃない？ 仕事で疲れて家に帰ったら奥さんに「やっと子供が寝たとこなのに、起こさないでよ」って文句言われる日々を過ごしていたときに、若くて"ちょうどいい美人"の女の人が「山添さんのこと、かっこいいと思ってたんです。今度、ご飯でも行きませんか？」って言い寄ってきたら？ それでも、山添は浮気しないんだね？

山添　うっ……はい、しません。

ケイ　今はそう言ってるけど、実際に何が起こるかなんてわかんないよねぇ。だって決意が簡単に揺らぐのは、女性も一緒だから。たとえば、ダイエットしたいなって思っていたとして「明日から始めればいいや」って思い続けていたときに「これ、今日までしか食べられない限定メニューなんですよ」って言われたら、「今日はいっか。明

日から始めれば」って揺らぐじゃない。

山添　けど、浮気を絶対にしないって決めてる人なら、「僕、お腹いっぱいなんで今は大丈夫です」って断りますよ?

ケイ　断っても、「でも、今日しか食べられませんよ?」って念を押されるんだよ?

山添　「あなたがこの料理が好きって聞いたんで、昨日から仕込みをして作ったのに……」って言われたらね?

ケイ　いくらダイエット中で炭水化物を抜いていても、「そうですか。じゃあ、ご飯少なめで!」って言っちゃうもんなぁ。誘惑に負けちゃう。けど、山添は絶対に浮気しないんだよね?

（欄外メモ：いつの間にかケイさん側にいってもうてる。）

山添　しません! 誓います! 最初にも話した通り、女性は彼氏が浮気したらイヤやから浮気を我慢しているっていう事実を知らん男性って多いと思うんです。けど、知ることによって、俺も浮気はせんと一途でおろうって思う人は増えるはずです。

ケイ　じゃあ聞くけど、浮気がバレたことってある?

（欄外メモ：ホントかなぁ……。）

山添　ないですね、一度も。

ケイ　バレたとしたら、どうされたい?

山添　考えたことがないなぁ。……どうにでもなれ、って思うしかないですよね。

ケイ　私は結婚していて子供がいたら許すかもしれないけど、結婚する前だったら許さないで別れる。きっとことあるごとに、"こいつ、浮気したんだ"って思い続けるから。

山添　そう思われるのは仕方がないことですし、男は受け止めるしかないと思います。その上で、別れたくないってことだけを言い続けるしかないですよね。

ケイ　心の中で浮気したヤツだって思われてても、別れたくないもの？　たとえば、浮気したのがバレて許されたとして、彼女や奥さんに"こいつ、浮気したことあるからな"って心の中で思われるほうがいい？　それとも口に出して言われたほうがいい？

山添　結婚後やったら、心の中で思われてるほうがいいですね。付き合ってる最中やったら、もうちょっとフランクでもいいですけど。1つだけ言い訳をさせてもらうと、男の浮気って基本、本命あってのもの。彼女がいちばん大事なのに変わりはないから、別れることなんて考えてない。女性の浮気って本命の彼氏や旦那と同等の好意や愛情を持っている可能性のほうが高いからちょっと怖いし、浮気ってそういうもんやと考えてるから、別れるっていう発想が生まれるんちゃうかなと思うんです。

浮気をしない男性の見分け方

「そんなのズルイ！」って思うけど、これが男の本音なのね。

ケイ　私、浮気に対して怒ってもしょうがないって、最近思うようになったんだよね。

山添　それ、詳しく教えてください。

ケイ　そんなたいそうなことじゃないんだけど、最悪こっちが

気づかなきゃいいって思うようになったのが進歩だなって。もともと"こっちにバレないようにしてくれてるならいいっていう女の人ってなんなんだろう"って信じられなかったんだけど、ちゃんと隠してくれて、私を安心させてくれるのならばいいのかなって。もちろん、絶対にしちゃダメなんだよ？ ダメなんだけど、そもそも浮気をしなさそうな相手を見極める能力を持つと、浮気されるような状況に陥らないんじゃないかなと思って。ちなみに、私はその能力があるんだけど。

「愛されてる」っていう安心ね。

どういう風の吹き回し!?

山添　どんな男が浮気しないんですか？

ケイ　私の経験でいえば、**女性に母親的要素を求める人**かな。母性本能とか包容力がある女性が好きな人。「やっぱりケイちゃんといると楽しいし落ち着くな」みたいな雰囲気に持っていけるような人は浮気しない。女の子と出会う場に行かなさそうな人を選ぶのも大事なんじゃない？ やっぱりチャンスがある分、浮気の可能性は広がるでしょ。いわゆる3B……美容師、バンドマン、バーテンダーは女の人と接する機会が多い仕事じゃない？ 友達が多いのはいいことだけど、そういう人も浮気のリスクは大きいんじゃないかなって思う。彼が出会う女性はコントロールしにくいけど、彼氏に出会いのきっかけを与えない術はあるはずだから、浮気は絶対許せない！ っていう人はそういう男性を選択するのもアリなんじゃないかな。「友達と会わないで！」とか言う

そう見えないのに実は甘えんぼ系男子がオススメ！

付き合わない方が良いと言われる。

と束縛が強くて別れる原因にもなるだろうから、ほどほどにすることも忘れないでほしいですね。

一度だけの体の関係と
100回のイチャイチャ、どちらがイヤ!?

ケイ　私、昔ね、すごく暗い人と付き合ってたことがあって、その人の暗いところがめっちゃイヤだったのよ。で、イヤだっていうネガティブな感情に引きずられないために、そこを軽くいじるようにしたの。たとえば、落ち込んでるときに「あぁ、またそうやってウジウジしちゃうの?」って言うとかね。そうすることで気持ちがすごく軽くなったし、相手もなよなよしちゃうときは「今から遠慮なく、なよなよします」みたいに宣言するくだりができて、関係が良好になったんだよね。

山添　そういう言い方をしてくれると、男の人もずいぶん楽になったでしょうね。

ケイ　浮気も、許しながら心の中に溜めてもやもやするくらいなら、いじる感じで言っちゃってもいいのかなと思うのよ。やっぱり裏切られたっていう気持ちのはけ口は必要な気がするから。たとえば飲みに行くって言われたら、「何? 浮気でもしに行くの〜。まぁ、行ってらっしゃい!」って明るく言うとかね?

山添　「浮気せぇへんがな!」って返せるかぁ。明るいトーンで

いじったら
ダメな人もいるけど、
そういう人と
ずっと一緒は大変よ。

言える女の人やったら、その方法はいいと思います。ヒステリックなトーンで言われると、もう別れたほうがええかなって考えるようになるかもしれへんけど。

ケイ　「浮気されたけど、彼のことが好きなんです。どうしたらいいですか？」っていう悩み相談もすごく多いけど……これ、どうしたらいいんだろうね？

山添　好きっていう気持ちが勝るんやったら、付き合い続けるしかないですよね。わかってほしいんは**浮気は浮気、彼女や奥さんは絶対的な本命**やっていうこと。男を代表して、きっちりと断言させてもらいたいです。

> 何度も言うねぇ。

ケイ　断言されても、女の子には響きません。無理やり言い聞かす材料にしかならないよ。

> なにを太字にしてもらってんねん。

山添　男の浮気は、女の人が思っているような重たいもんじゃないんですって。<u>彼女や奥さんは殿堂入りで、浮気は所詮、浮気</u>なんです。

ケイ　それって男の人側の考えだよね。こっちはあんたの殿堂に入ったつもりなんかないけど？「お前がいちばんやから、浮気してもええやろ？」って言ってるようにしか聞こえない。女に甘えるなって言いたい！

山添　いやいや、もちろんええやろとは思ってないです。ただ、もし浮気されても"私という最高の彼女がいながら、魔が差すなんて何事だ？"くらいに思ってほしいと男は思ってます。

ケイ　いやいや、そんなふうに思えないよ。普段から誕生日

にプレゼントを渡されたり、常に「愛してるよ」とか「カワイイね」とか言われてるなら信じられるかもしれない。けど、そんなこともなしにいきなり浮気されても、信じられるわけないじゃない。

山添　それはたしかにそうかぁ。

玉砕

ケイ　女の人は全部言ってほしい生き物だから。男の人は言わなくてもわかってるだろうって思ってるかもしれないけど、女の人はちゃんと言葉で伝えてもらわないと信じられないんだよね。

山添　普段から、レジェンドにはレジェンドなりの扱いをせんとあかんということか。けど、普段から愛してるって言ってたのに浮気したほうが、嘘つかれた！とかなって辛くなりません？

ケイ　あぁ、そういう言い訳しちゃうんだ。浮気しなければいい話じゃない？

山添　そんな身も蓋もない！

ケイ　じゃあ聞くけど、もし山添が浮気されたらどうするの？

山添　運良く、今までお付き合いしてきた方に浮気されたことはないんですけど。めちゃくちゃ好きで結婚も考えているような彼女なら、別れへんと思いますね。

ケイ　男の人が想像するような浮気だったら別れないっていうことね。じゃあ、**飲み会でキスしちゃった**とかだったらどう？

山添　そっちのほうが怖いですね、僕は。酔っ払ったらわけわ

からへんようなるんかなって思ってまうのもあるし、いちばんスタンダードな浮気っていう感じがしてイヤですね。女の人ってキスを大事にしてそうな感覚があるのに、これくらいええやろって感じで言われると、"ハードルが低いって考えてんねんな"と思って引いてしまいます。なんなら、行く場所行く場所で誰とでもキスしてる可能性もあるじゃないですか。それって男からしたら、めっちゃ怖い。

ケイ　セックスしたらキスもしてるよ？

山添　セックスは一度だけの過ち感があるでしょ。

ケイ　じゃあ、男の人にとって100回のキスは1回のセックスより罪が重いってこと？

山添　そうですね。いろんな人と100回、キスされるほうがイヤです。いろんなところでいろんな人と浮気してんねんなって思ってまいます。

ケイ　女としては、100回キスしてるほうが罪が軽いと思ってるんじゃないかな。たかがキスじゃんって。

山添　その辺も価値観のズレでしょうね。もっというと、セックスはしてへんけどがっつりと手を繋いでずっとイチャイチャしてるのと、1回の体だけの関係とどっちがイヤかって悩みませんか？

ケイ　全然悩まない。1回でも体の関係があるほうがイヤ。

山添　えーーーー!!!　僕は前者のほうがイヤですね。人前でずっと手ぇ繋いでイチャイチャしてるってことは、ほかに

※2人きりのキスならともかく、飲み会でのキスはねぇ……。って、友達が言ってました！㋐

も何かしてるやんって想像してしまいますもん。

ケイ　女性にとっては、やったやらないってすごく大きいね。男はもっと潜在的ところに嫌悪感を持つってことだ。

交じり合うことのない、男女の価値観

山添　昔の僕は、女の人に浮気されることが許せないヤツやったんです。それこそ男と2人で遊んでたっていう噂を聞いただけでも別れるくらいでした。けど、ケイさんとコンビを組んで女性のことをいろいろ知るうちに、結婚する相手が仮に浮気をしても許せるんじゃないかという考え方に変わりました。ただ、女の人と男の人の浮気に対する価値観も違うから、女の人の価値観を知ってしまった以上、もし浮気されたら、この人とずっと一緒におって大丈夫なんかなと不安になるかもしれないですけどね。

ケイ　なるほどなぁ。男の人と女の人の価値観って全然違うのに、同じだと思って話を進めるから、やっぱりややこしくなっちゃうんだね。

山添　そうなんです。男って好きな人や子供の存在が働く活力になるっていうか、精神的に女性や家族に支えられてる部分ってすごく大きいんです。たとえ口に出さなくてもね？　けど、何も言わずにいると「私のこと、女性として見てくれへん」とか言うじゃないですか。もちろん恋

（口に出すか、態度で示してほしいよね〜。⑦）

心は付き合い出した当初より減るかもしれないですし、そこだけフィーチャーされがちですけど、**パートナーとして絶対的な存在**やって思ってるんですよ。その気持ちをもっと、女性には知ってほしいですけどね。

ケイ　それだけ一途に思ってもらえるのならいいんだけど。でも、やっぱりこんなにも男と女は違うってことは、結婚相手を見つけることも意中の男性に選ばれることもすごく難しいよね。婚活パーティの3周目にいてイケメンのナンバーワンを眺めているだけじゃ、やっぱり手に入れられない。異性を理解したり、ときには諦めたりしながら、具体的な行動することが絶対的に必要だね。

山添　出会うための努力、選ばれるための努力も大切ですね。

ケイ　選ばれるためには、漠然とした結婚したいっていう目的じゃダメ。男と女ってこんなにいろんなことが違うんだから、自分の中だけでいろいろと悩んでいてもしょうがないってわかってくれたはず。駆け引きなんてしないで、素直に行動してみて！

SUMMARY

★男性は、女性は浮気願望がない生き物だと思っている
★キープ女子から本命になれる可能性は限りなく低い
★"距離を置こう"は言う側と言われた側でとらえ方が違う
★男性にとって浮気は浮気で、妻・彼女は絶対的な本命
★女性に母性と包容力を求める男性は浮気をしにくい
★浮気の重さは男女の価値観が大きく異なる

COLUMN 5

意中の彼と長続きするための方法

by 山﨑ケイ

　2人でデートするときに、ちょっと気になるなとかイヤだなって思うことありますよね? 好きだからしょうがないって諦めてる人って多いんだろうけど、好きな彼と長く付き合いたいなら、思い切っていじってみましょう。私はちょっと話してみて大丈夫そうだなと思ったら、いじってネガティブな部分を笑いに変えて、楽しく感じられるようにしてます。

　たとえば下ネタを言われたら、「ええ、今、下ネタ? マジで無理なんだけど!」とか「すぐ下品なこと言うよね〜」って笑いながら軽くツッコむ。食べ方が汚いなぁと思ったら、「どうしていつもこぼしちゃうの?」っていじってみる。あえて提案はせずに、いじるだけいじってその後は相手に委ねるんです。男の人って割と寄り添われるとグッと来たりするので、笑って和やかになったりするんですよね。もし笑ってくれる人なら、きっと長続きするはず。もしかしたら怒る男の人もいるかもしれないけど、それならそれまでの男。私にはもっといい人がいると気持ちを切り替えて、次の恋を見つけてね!

[必勝法その6]

結婚をする楽しさ、結婚をしない楽しさ。結婚をゴールとしない生き方

第6章

結婚は漠然とした不安を
解決するものではない!?

ケイ　女の人がバリバリと働くようになった今、結婚することが果たして幸せなのかっていう疑問も持っちゃうよね。私、結婚願望はあるんだけど、仕事が楽しくなってからは1人でもいいなって思うこともあったりして。金銭的にも1人で生活していけるくらいはあるだろうし、芸人っていう仕事をさせてもらってることで仕事内容も出会いにしても今後広がることもあるだろうなって思ったら、以前より将来について気楽に考えられるようになってきたんだよね。

山添　前は違う気持ちやったんですか?

ケイ　若い頃は結婚すれば将来の不安だったり、1人で生きていく寂しさだったり、女として悩んでいることすべてが解決すると信じてた。けど、結婚してもうまくいかない人を見たり、仕事が楽しくなってきたりしたこともあって、その価値観がなくなっちゃったんだよね。それにこの芸風のおかげで周りから「モテるのわかります」って言われるようになったし、いろんな人から興味を持ってもらえたり、話しかけてもらったりしていろんな出会いがある現状が楽しくなったのもある。**出会う異性全員と"付き合う可能性が0％ではないんだな"** と考えると、話すのが楽しいじゃない?

〔大きく変わったなー！〕山

山添　たしかに。結婚したら、そういう楽しみはなくなりますもんね。

ケイ　そうそう。仕事でイケメンの方とも会えるし、仕事の幅が広がって刺激的な毎日を過ごせるようになったからこそ、結婚について割り切れたのもしれない。会社勤めしている女性はたとえ仕事が楽しいって理由で1人だったとしても、周りから「あの人、結婚諦めたっぽいね」とか好奇の目にさらされて辛いなと思うことはあるかもしれないけど。「あの人、犬飼い始めたらしいよ」とか噂されたりね。

（あと母親からのプレッシャーね。）

山添　そういうのって、男は思ってないんじゃないですかね。そんな見方、女性に対してしてへんっていうか。

ケイ　<u>追い詰めてるのは結局、同じ女性</u>なんだよね。あと、仕事は一生懸命にやってるけど、人生の生きがいとまで言い切れないっていう人は、ほかに楽しみを見つけるか、家庭をつくるしかないって考えるのかもしれない。

山添　女性は**逃げ道的な感覚で、結婚したい**って思ってる人もいるってことですか？

ケイ　そういうところは少なからずあるんじゃない？　私がいちばんきつかったのは大学卒業してすぐの頃なんだけど、就職活動をせずにフリーターになっちゃったのね。

山添　活動すらせぇへんかったんですか？

ケイ　しなかった。就職するっていうことに興味を持てなかったから。周りもフリーターばっかりだったけど、みんな夢

を持っていて。私は夢もないし、ただバイトしてるだけだったから、職業欄にフリーターって書くのがすごくイヤだったのよ。その当時、"あぁ、結婚したいな。結婚したら人生変わるんだろうな"って思ってた。単純に、結婚＝幸せ。旦那さんから守ってもらえるって夢を見てたところがあったよね。

山添　妻っていう絶対的なポジションも得られるし、人生も1人で背負わんでええ。子供が産まれたら、母親っていう唯一無二のポジションも得られますし。

ケイ　そうそう。社長になりたいとか海外で活躍したいっていう目標は自ら努力して得なきゃいけないものだけど、若い頃って結婚に関しては自然にできるものだと思い込んでるから。特に女の人はね。で、30歳くらいになって、**結婚するための努力が必要**だったんだなっていうことにようやく気づくんだよね。今の私は結婚したいなと思ったり、やっぱり1人でいいやって思ったりの繰り返し。したくないって思ったことは一度もないけど、しなくてもいいかなとは思ってる。

山添　時代も変わってきてますもんね。その影響もあるのか、男の僕に対して女の人が素の部分を出しやすかったり、言いたいことが言えたりするようになってきてるんかなという実感もあります。もしくは、ケイさんとコンビを組んで以降、僕が本音を言いやすいヤツに変わったのかもしれないんですけど。

※ 自然にできたんもいるんだけどね。

※ 私たちは違ったってこと。

ケイ　昔は怖い印象があったから。今は何を言っても笑って許してくれる人みたいになっちゃってるよね、山添は。

山添　以前付き合ってた人に「私、我慢してた」って、いきなり言われて。「あなたが思っているようなちゃんとした女の子じゃないから!」って言い切られたんです。そんなこと、強要した憶えはないんですよ?

ケイ　付き合う前って、普段の自分よりちょっとがんばってしまうもんね。ちょっとでも相手に良く思ってもらいたいから。

山添　男はそこに惹かれているわけではないんですけど、女性はそういうもんなんですね。

ケイ　男の人も釣った魚にえさをやらないってあるじゃない。それと似たような感じだよね。けど、山添が本音を言いやすい雰囲気を持ってるっていうことは、男としてはすごくいいことだと思うよ。

山添　ケイさんとコンビを組んで、今まで女性の相談にちゃんと乗れてなかったんやなとか初めて気づいたことが多くて。気づいたからといってモテるようになったとかはないんですけどね(笑)。

ケイ　昔は男だからとか女だからとか考えてなかったっていうか。女性は口説きたい対象ではあったけど、どういう思考をしているかとかに興味がなくて、"なんだかよくわかんないなぁ"くらいに思ってたところが変わったんだと思う。

山添 ただ、興味を持って知ろうとすることによって、こんなに考え方が食い違ってたんやっていうことにも気づきました。知りたいって欲も出て来たので、いろんな職種の女性をゲストに招いてトークライブもやるようになりましたが、ケイさん以外の女性の意見もすごく面白いですね。

自分を客観視して笑えるようになろう

ケイ 年齢を重ねると、一歩踏み出す勇気もなくなるところがあるよね、女の人は特に。

山添 ケイさんがウジガチ子さんを脱したきっかけって、前にも話してた自虐ですよね?

ケイ そうそう。私みたいに自分を客観視できると楽になるよ。大学生の頃に日記みたいなのを書いてたときがあったの。1週間くらいなんだけど。

山添 すぐやめたんやなぁ(笑)。

(吹き出し) 基本、何事も続きません……。

ケイ 続かなかったの! この間、それを見つけたんだけど、死ぬほど恥ずかしかった。でね、過去の私もめちゃくちゃいろんな角度から物事をグチャグチャ考えてるんだけど、最後に「てか、私、考え過ぎ(笑)」って書いてて。

山添 ははは!

ケイ 誰も見ないはずの日記なのに、他者の目とか未来の自分の目を意識して書いてる、自意識過剰ぶりに笑え

見てみたいなー。

た。誰にも見られないんだから殴り書きでいいのに、"いろんなことを考え過ぎてることはわかってるんです"っていうもう1つの目線で書いてるところが、自分の性格をすごく表現してる気がして。

山添　それ、すごくおもろいですね。何重にも自分のことを見てるっていう。

ケイ　そうそう。ウジガチ子さんたちって、マイナスの意識が強い気がするんだよね。私は少し離れたところに、自分の現状を笑ってる客観的な自分がいるの。たとえば、世の中的に適齢期といわれる年齢を過ぎても結婚する予定がない現状を、"こんな予定じゃなかったんだけど!"って笑ってる自分がいる。そういう客観的な自虐目線を持つと、ちょっと楽になるのかなって思うんだよね。

自分で自分をおもしろがる、こと。

結婚をゴールとしない生き方について

ケイ　結婚しないなら、しない人生を楽しめばいいと思う。この前、地元の友達と飲んでたんだけど、子供がいる子は19時くらいに帰っちゃうわけ。その子のことを否定するわけじゃないってことだけは前置きしておくけど、私とは違う状況で。私は21時くらいまでライブがあって、そのあと、みんなで飲みに行くじゃない? この生活を捨てられるかなって考えると、楽しいから無理だなって思っ

ちゃうんだよね。

山添　それぞれの置かれてる立場で、楽しみを見つければいいですよね。比べる必要はないですから。

ケイ　そうそう。もちろん、私は結婚して子供を持つ生活をしてみたい気持ちもあるからね。その友達も「今日初めて、旦那に子供を預けて飲みにきた」って言ってたんだけど、結局19時に帰っちゃって。"旦那に預けても19時には帰らなきゃいけない"っていうのが衝撃的だったんだよね。私は結婚してなくて子供もいないからこそ、自分のために使える自由な時間がある。だから朝まで飲んでもいいし、仕事をがんばってお金を貯めて海外旅行したっていい。独身なら独身なりに楽しめばいいし、既婚者なら既婚者なりに楽しめばい。子供の成長していく過程なんて、その瞬間しか味わえない貴重なものだしね。どっちも羨ましいし、どっちも悔しいくらいの感覚でいいんだと思うの。恋愛はそんなにしたくないけど、この先1人でいるのは不安……って悩んでいる女の人も今の時代、多いよね。けど、自分の合ってるペースを大事にしてもいいんじゃないかな。何よりも自分が輝くことを優先してほしいなって思います。

山添　もし何かで悩んでしまったら、また取捨択一してもらってね？

ケイ　そう。人生いろんな悩みにぶつかるけど、自分にとっ

親の世代は子供を預けて飲みに行くってこともできなかったよね。

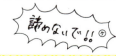
諦めないで!!

て楽しいことを選択して、恋もしつつ、あなたなりの幸せを見つけてください!

一緒に幸せになろー!!

SUMMARY

★結婚は、いろんな不安が解決すると錯覚する魔法の言葉
★生き方や結婚について女性を追い詰めているのは
　同性からの好奇の目であることが多い
★異性と喋ることに慣れたら、なんでも話せる異性を作ろう
★自分を客観視して笑えるようになったら自立のサイン
★自意識過剰を解放すると楽になる
★結婚する楽しさ、しない楽しさがある

COLUMN 6

世の男性たちへ
女性の話は聞きましょう!

by 山添 寛

　飲みの席で、たまたま隣の席になった女の人が恋愛の話をしたがってたんです。「今の彼氏がこうだ」とか一方的に話してはって。普段の僕やったら話を聞きながら「こうしたほうがええやん」ってすぐ解決策を提案してしまうんですけど、その日は「うんうん」ってただ聞き役に徹したんですね。で、その人がそのまま酔いつぶれてしまったんで肩を貸していた。たまたま無意識でやったことではあったんですけど、後日、その子が「山添くんのあれはよかった」って言ってくれて、見事にうまいこといきました。あのとき、あぁ、やっぱり聞き役に徹することは大切なんやなと実感しましたね。

　あと、飲み会にしてもそうですし、初対面の女の子がいるときなんかは、あまりツッコミをしないようにしてます。ツッコミって勝ち姿勢の人がやるイメージなので。だからできるだけ勝ち姿勢ではなくて、負け役になれたほうが女性って話してくれる気がするんです。だから飲み会とかだと、どうにかしてバカにされるようなことをできないかなと思ってます。

おわりに

ケイ　世の中にはモテてるブスの人はいます。けど、そういう人の中にウジウジしている人はいない。卑屈な気持ちを一切持ってないし、行動力がある人ばかりなので、あなたもウジウジした気持ちを捨てて前に進んでいきましょう。もちろん、行動を起こすといってもいきなりはできないから、やれることを見つけて実践してほしいなと思います。

山添　もし1人で悩んでいる女性がいるなら、僕らのトークライブに来ていただければ。男性のお客さんも多いですし、もし気になる異性がいるならその人を誘ってみてもいい。あと、ウジウジしている女の子、ガチガチに緊張してしまう女の子がいるってことすら知らない男性もいますから、半歩でも前に出てアピールしてくれたらアプローチもしてもらいやすくなりますよ。真っ暗なところにいても見つけられないですけど、ちょっと日の当たるところに出てきてくれれば見つけられるんで、ぜひ!

ケイ　そうそう、積極的に行動してね。あと、この本を第1章でも言ったブスの曲現象にしないでほしい。家で読みながら満足してても仕方がないから、本にカバーをかけてね?(笑)

山添　カフェで本を読んでる女性って知的でいいですね。

ケイ　そうそう。難しい本を読んでますみたいな顔しながら、おしゃれなカフェで読んでください。読みながら、周りを見渡してほしい。もしステキなカップルを見かけたら、"私は美人じゃないからどうやってがんばろうか"とか考えられるかもしれない。で、もし異性と目が合ったら、ちょっと微笑んでみてください。あなたの一歩はそこから始まります!

恋愛迷路は気づかないと抜けられない
著者：相席スタート

2018年12月10日：初版発行

取材・構成：高本亜紀
アートディレクション&デザイン：古田雅美　内田ゆか(opportune design Inc.)
イラスト：小幡彩貴
撮影：中根佑子
校正：玄冬書林
編集：今津三奈(ワニブックス)
編集長：笹島崇行(ワニブックス)
マネージメント：宮平すずみ(よしもとクリエイティブ・エージェンシー)
協力：新井治　立原亜矢子(よしもとクリエイティブ・エージェンシー)

発行者：横内正昭
発行所：株式会社ワニブックス
〒150-8482 東京都渋谷区恵比寿4-4-9 えびす大黒ビル
TEL. 03-5449-2711(代表)

印刷所：大日本印刷

Printed in Japan 2018
ISBN 978-4-8470-9711-9

落丁本乱丁本は小社管理部あてにお送りください。
送料小社負担にてお取り替えいたします。
ただし、古書店等で購入したものに関してはお取り替えできません。

©WANI BOOKS CO.,LTD
©相席スタート/吉本興業2018

Printed in JAPAN 2018

ワニブックスホームページ：http://www.wani.co.jp

特別付録

「R-18 大人の悩み相談」について

ケイ　ここまで読んでくださってありがとうございます。ここからは、番外編として「R-18 大人の悩み相談」について答えていきたいなと思います。そもそもは、私が「せっかくコンビで出す本なんだから、ほかの人にはあんまり聞けないことを聞いてみたい」と言ったことから始まった企画で。

山添　「それなら袋とじにしたい」と、僕から提案させていただきました。下世話な話をオープンにせず、みなさんと秘密を共有しながら分かち合えるページをつくりたかったというのもありますし、袋とじを開けるのってやっぱりわくわくするので、このかたちにさせていただいたんです。

ケイ　今回は、私たちが隔月でやっているトークライブでも多かった質問や、インターネットで募集させていただいた悩みを、実際に男性にアンケートを行い結果を円グラフに。そのほか多かった悩みをカテゴライズして項目ごとに答えさせていただきました。アンケートに答えてくださったみなさん、ご協力ありがとうございます！

山添　僕らごときがいいアドバイスをできているかどうか、わかりません。けれど、僕らも直面する問題だからこそ、真剣に答えさせていただいています。

ケイ　大人の方は一緒に悩んで、楽しんでいただければ。18歳以下のみなさんは、19歳になってから開けて読んでくださいね！